Katzen

Spiel
und
Geheimnis

Peter Andreas • Ingrid Strohschneider-Kohrs

Katzen
Spiel und Geheimnis

Müller
Rüschlikon

Schutzumschlaggestaltung: Anita Ament unter Verwendung einer Abbildung von Peter Andreas.

Wir danken den Inhabern der Rechte für die freundliche Genehmigung ´zum Abdruck der Texte.
Besonderer Dank sei denen gesagt, die Texte aus fremden Sprachen eigens für dieses Buch übersetzt haben. Die Texte aus dem Arabischen, hat Prof. Gerhard Endress übersetzt. Prof. Dr. Jürgen Link hat den Text von Du Bellay, Frau Prof. Dr. Ingrid Strohschneider-Kohrs die Texte von Maupassant und Mallarmé aus dem Französischen übersetzt. Alle Rechte für die Übersetzungen bleiben ihnen vorbehalten.

ISBN 3-275-01214-2

Copyright © by Müller Rüschlikon Verlags AG,
Gewerbestraße 10, CH-6330 Cham

1. Auflage 1996

Nachdruck, auch einzelner Teile, ist verboten. Das Urheberrecht und sämtliche weiteren Rechte sind dem Verlag vorbehalten. Übersetzungen, Speicherung und Verbreitung einschließlich Übernahme auf elektronische Datenträger wie CD-Rom, Bildplatte usw. sowie Einspeicherung in elektronische Medien wie Bildschirmtext, Internet usw. ist ohne vorherige schriftliche Genehmigung des Verlages unzulässig und strafbar.

Produktion: IPa, Vaihingen/Enz
Druck: Maisch & Queck, Gerlingen
Bindung: Dieringer, Gerlingen
Printed in Germany

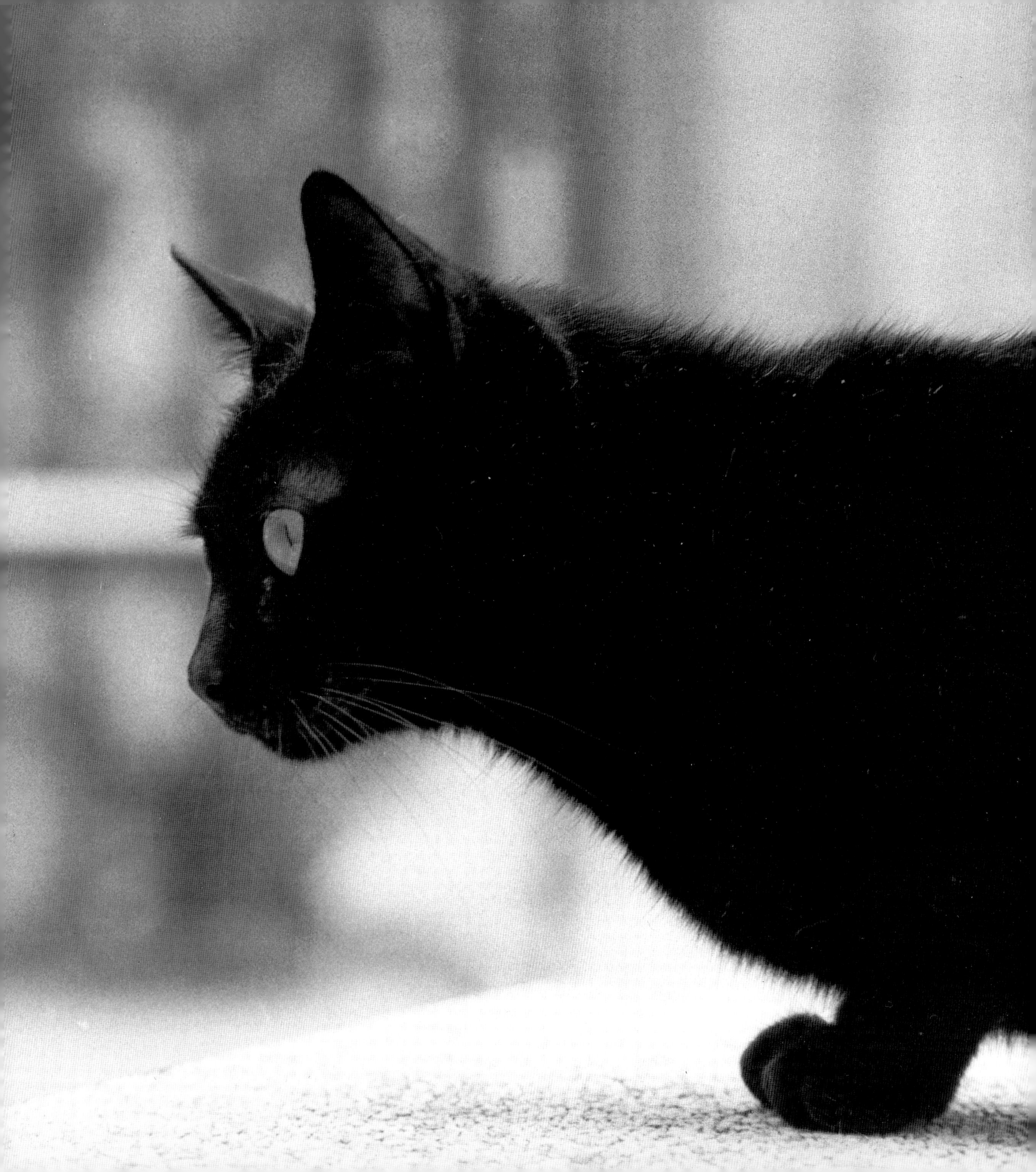

*D*a man die Katze streichelt, da ist sie gern.

Sprichwort

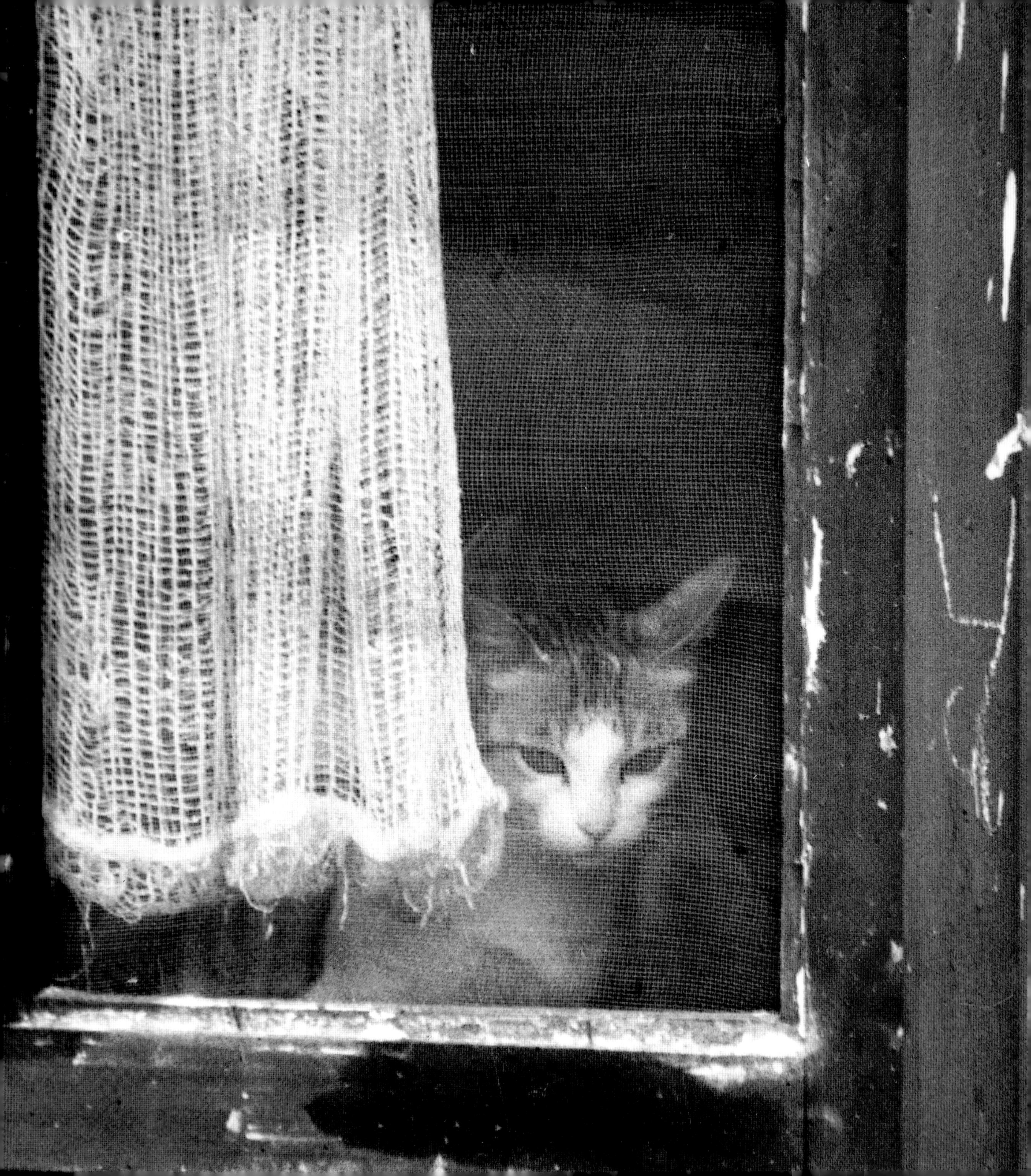

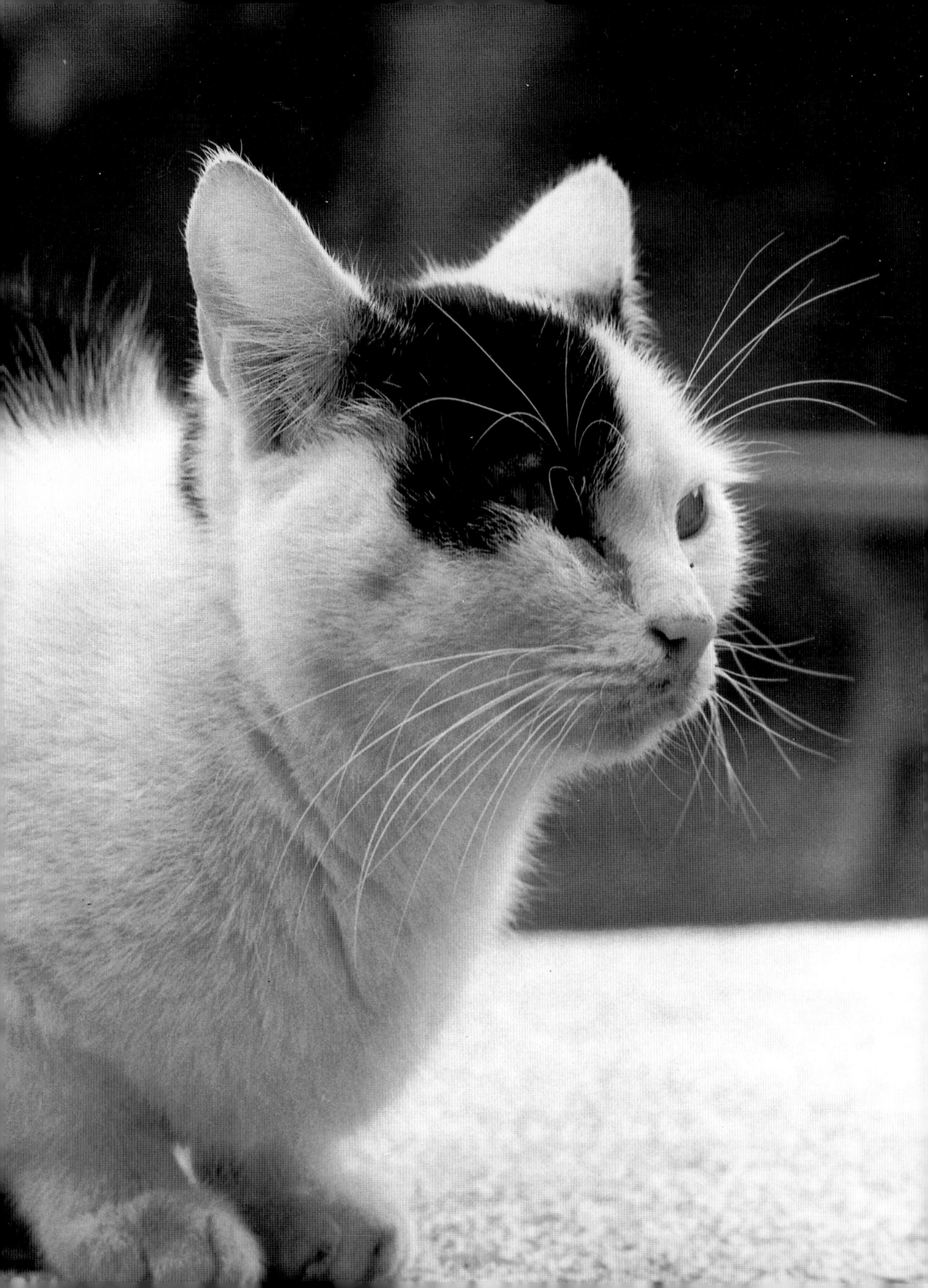

*K*omm, meine schöne Katze, an mein verliebtes Herz; zieh nur die Krallen deiner Tatze ein und laß mich tief in deine schönen Augen tauchen, in deren Glanz Metall sich und Achat vermischen.

CHARLES BAUDELAIRE

𝒟ie Katzen sind nicht weniger in einem Hause, der Ratzen und Mäuse halber, nothwendig, als die Hunde; weil ohne deren Beystand schier unmüglich, sich dieses Ungeziefers (welches sich im Sommer fast alle Monaten vermehret) zu erwehren –

Die gantz schwartzen, grauen, schwartzfleckichten, und denen Wildkatzen ähnlichen, werden für die besten und nützlichsten gehalten, doch wegen ihrer näschigen und fürwitzigen Natur bedörffen sie große Aufsicht; sind sonst schmeichelhafftig und gern bey den Leuten, lassen ihnen auch gerne liebkosen –

Sie lieben die Sauberkeit, und hassen die Nässen, sie sollen des Nachts gleich so scharff, als des Tages sehen. Man glaubt, wann sie sich putzen, und über die Ohren selbst streichen und säubern, sehen sie des Regenwetters Vorboten –

Man sagt, daß ihre Augenäpfel mit des
Mondes Zu- und Abnehmen sich gleichför-
mig machen –

Ihr Leben währet selten über 10 Jahr;
wann sie fleißig sind, Ratzen und Mäuse
zu fangen, muß man ihnen ein Butter
auf Brod gestrichen und ein wenig frischen
Speck zu fressen geben –

Fremde alte Katzen bleiben ungerne, wo es
Hunde giebt, darum sind am besten, die im
Hause gebohren, oder gar
jung hinein gebracht, und zu den Hunden
von Jugend an gewehnet werden. –

GEORGICA CURIOSA, 1682

Blanche

*Jung,
Auf dem Sprung,
Nicht bös,
Graziös.*

Auch ein weibliches Wesen ist um mich her, das in meinem Haushalt die Ergänzung zu Rasumofsky bildet. Es ist, um mich in Rückertschen Anklängen zu bewegen, eine feine Reine, schlanke Kleine, die ich mit Rücksicht auf ihre Erscheinung *Blanche* getauft habe. Sie ist ganz weiß und nur auf der Stirne, als Zeichen edelster Abstammung, hat sie einen braunen und schwarzen Tigerstreifen. Sie ist noch ganz Kind, ganz unbefangen, faßt das Leben von der heiteren und Vergnügungsseite auf und betrachtet sich selbst als bloßes Ornament des Daseins. Sie kennt keine andere Pflicht als die, sich zu putzen und sich streicheln zu lassen; sie könnte nach allem eine Engländerin sein. Nur ihrer Grazie nach ist sie Französin.

Ich engagierte sie zunächst aus bloßen Nützlichkeitsrücksichten und erwartete von ihr, wie jetzt das Modewort lautet, einen »guerre d'extermination« gegen den Erbfeind; aber niemals ist eine Erwartung gründlicher getäuscht worden. Sie scheint kaum zu wissen, daß es Feinde gibt, geschweige Erbfeinde; sie führt ihren Exterminationskrieg gegen Gardinenkanten, gegen alles, was Puschel oder Quaste heißt; über Nacht aber, wenn der Feind seine Vorposten schickt, horcht sie auf, spinnt dann einen Augenblick vergnüglich und schläft wieder ein. Dennoch – dies Anerkenntnis bin ich ihr schuldig – übt sie einen gewissen Einfluß, aber freilich ohne die geringste Ahnung davon; sie wirkt wie das *Bild* des Tigers, das die Chinesen, zum Schrecken für den Feind, an die Außenwand des Hauses stellen. Sie ist ganz Spielzeug, und ich habe es längst aufgegeben, Ernsteres von ihr zu erwarten. Es liegt nicht in ihr. Sie ist mir Schauspiel, Augenweide, Zirkusschönheit, im Hoch- und Weitsprung gleich ausgezeichnet, und den Tag über an der Klingelschnur zu Hause. Sie behandelt dieselbe als Trapez, was sie ungehindert kann, da die betreffende, aus Bast geflochtene Kordel das Schicksal der meisten ihrer Schwestern teilt, eine bloße höchst fragwürdige Stubendekoration zu sein.

Blanche, wie gesagt, ist die Ergänzung zu Rasumofsky; was jener meinem Geiste ist, ist diese meinen Sinnen. Wenn ich mit dem erstern, in jener Simplizität, die alles Große begleitet, die Tagesangelegenheiten behandle, also in rascher Reihenfolge die Fragen stelle: Wie ist das Wetter? Was macht Paris? Nichts von Frieden? – so gehört mein *Auge* ganz der kleinen Weißen, die wie ein alabasterner Briefbeschwerer auf meinem Schreibtisch neben mir liegt. Nun erhebt sie sich, um zwischen Uhr, Teetasse und Tintenfaß jene Spaziergänge auszuführen, die eben nur jenem Geschlechte möglich sind, dem Blanche angehört. Werde ich endlich ungeduldig, so weiß sie diese Ungeduld zu sänftigen. Der Tisch hat einen Aufsatz von sechs Fächern, jedes nur so groß, um eine Hand hinein zu legen. In alle sechs Fächer duckt sie sich der Reihe nach hinein und blickt mich aus dieser Umrahmung schelmisch an. Das sind die letzten Mittel, denen nicht zu widerstehen ist.

Um 8 Uhr, nachdem wir unsern Tee genommen, für den sie eine distinguierte Vorliebe zeigt, gehen wir zu Bett; sie ist aber noch nicht müde und unterhält mich eine Viertelstunde lang durch die wunderbarsten Kapriolen. Um halb neun endlich, wo abwechselnd ein Trompeter von den Schleswiger Husaren und den Gardeulanen auf den Kasernenhof tritt, um die preußischen Kavalleriesignale zu blasen, wird Blanche stiller und schiebt sich, wie zu einer letzten Liebkosung, an meinen

Hals zwischen Kopf und Schulter. So vergehen Minuten. Eine Viertelstunde später tritt aus dem Kasernenflügel gegenüber ein *französischer* Trompeter auf den Hof hinaus und antwortet dem Preußen oder besiegelt den Appell. Nun weiß Blanche, daß es Zeit ist. Sie erhebt sich summend und spinnend und legt sich am Fußende des Bettes auf die vierfach zusammengefaltete Reisedecke.

Das Feuer im Kamin erlischt. So schlafen wir, bis die Reveille uns weckt.

THEODOR FONTANE

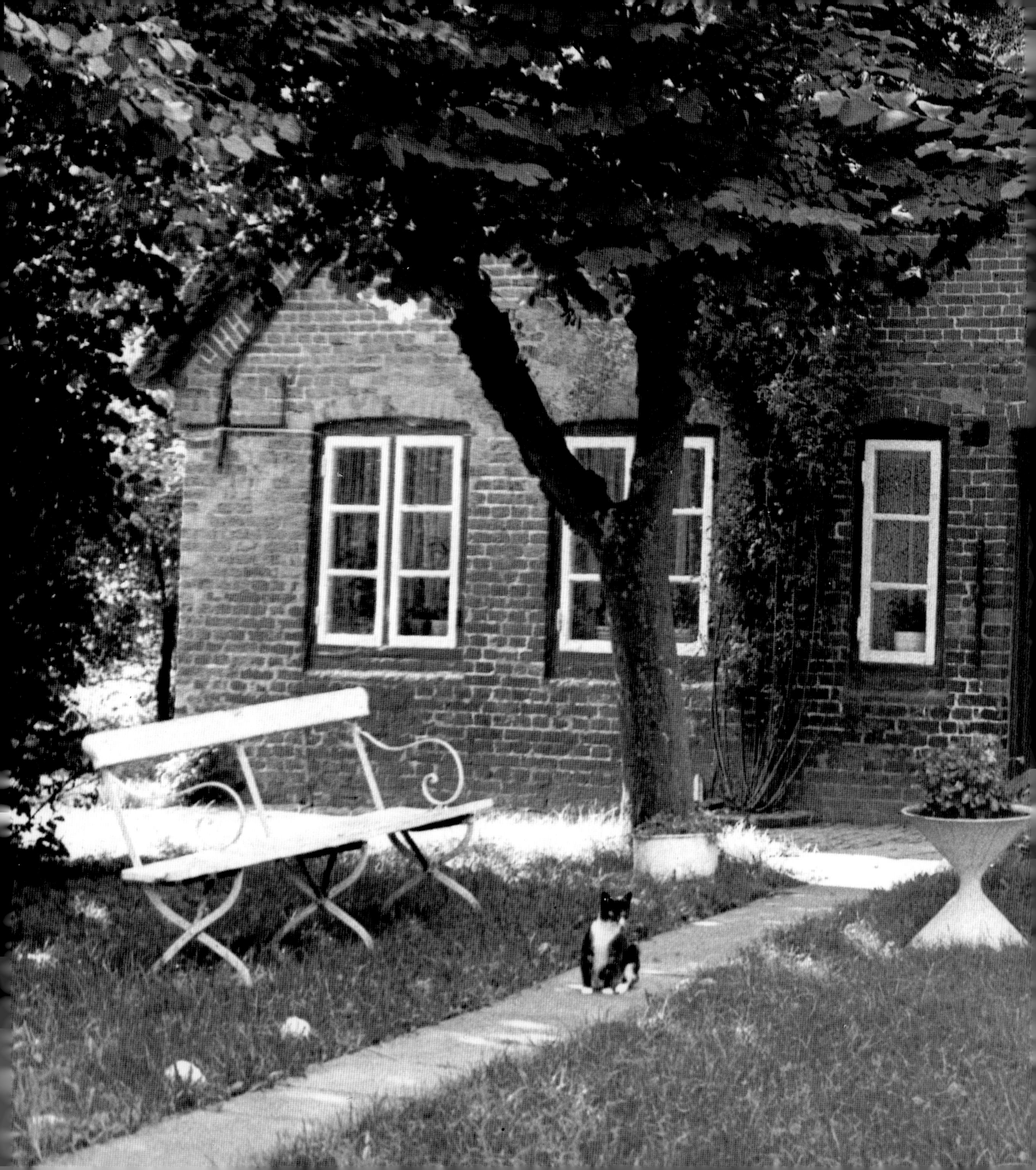

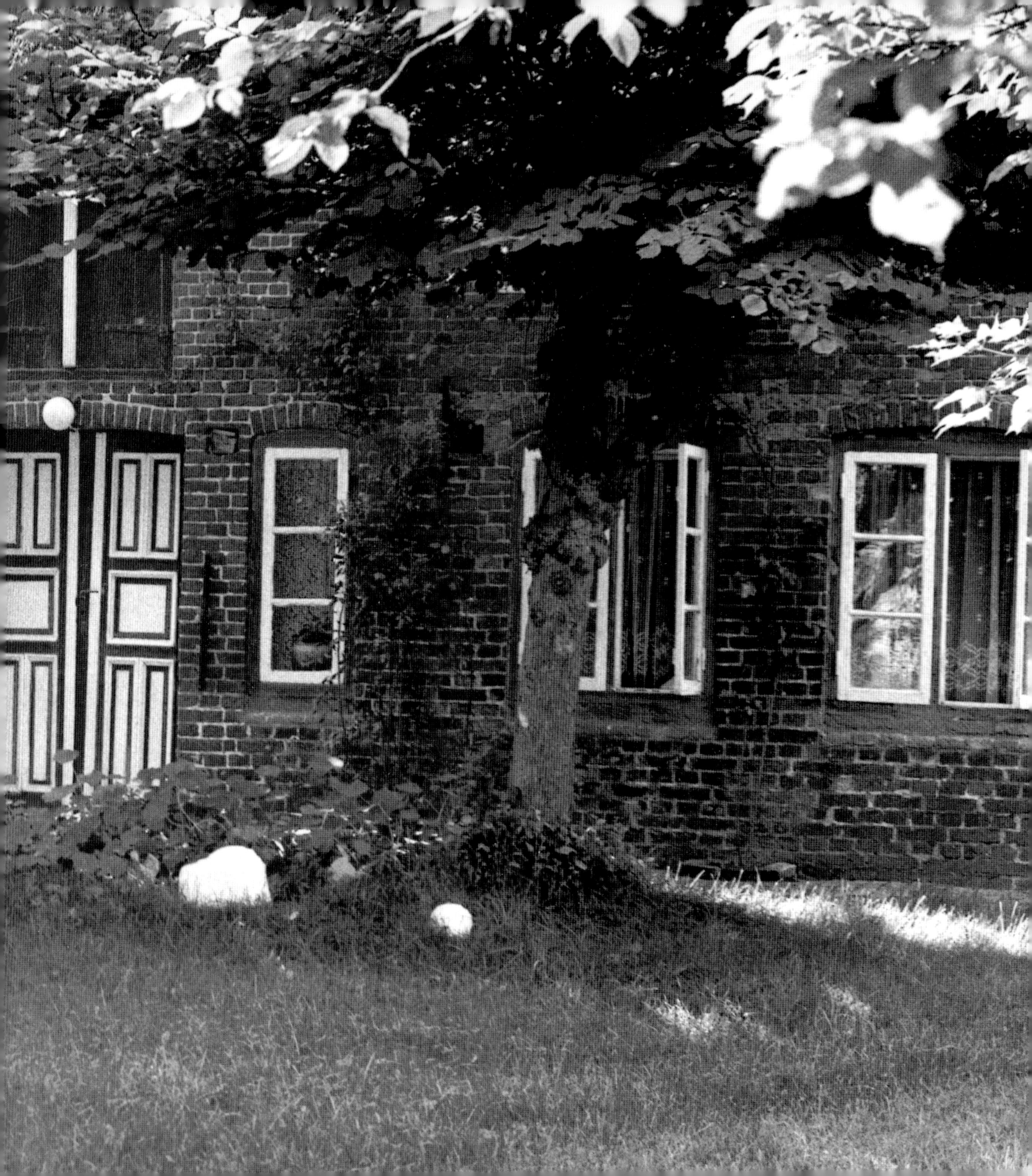

Wie heißen die Katzen? gehört zu den kniffligsten Fragen
Und nicht in die Rätselecke für jumperstrickende Damen.
Ich darf Ihnen, ganz im Vertrauen, sagen:
Eine jede Katze hat *drei verschiedene Namen*.
Zunächst den Namen für Hausgebrauch und Familie,
Wie Paul oder Moritz (in ungefähr diesem Rahmen),
Oder Max oder Peter oder auch Petersilie –
Kurz, lauter vernünft'ge, alltägliche Namen.
Oder, hübscher noch, Murr oder Fangemaus
Oder auch, nach den Mustern aus klassischen Dramen:
Iphigenie, Orest oder Menelaus –
Also immer noch ziemlich vernünft'ge, alltägliche Namen.
Doch nun zu dem nächsten Namen, dem zweiten:
Den muß man besonders und anders entwickeln.
Sonst könnten die Katzen nicht königlich schreiten,
Noch gar mit erhobenem Schwanz perpendikeln.
Zu solchen Namen zählt beispielsweise
Schnurroaster, Tatzitus, Katzastrophal,
Kralline, Nick Kater und Kratzeleise –
Und jeden der Namen gibt's nur einmal.
Doch schließlich hat jede noch einen dritten!
Ihn kennt nur die Katze und gibt ihn nicht preis.
Da nützt kein Scharfsinn, da hilft kein Bitten.
Sie bleibt die einzige, die ihn weiß.
Sooft sie versunken, versonnen und
Verträumt vor sich hinstarrt, ihr Herren und Damen,
Hat's immer und immer den gleichen Grund:
Dann denkt sie und denkt sie an diesen Namen –
Den unaussprechlichen, unausgesprochenen,
Den ausgesprochenen unaussprechlichen,
Geheimnisvoll dritten Namen.

THOMAS STEARNS ELIOT

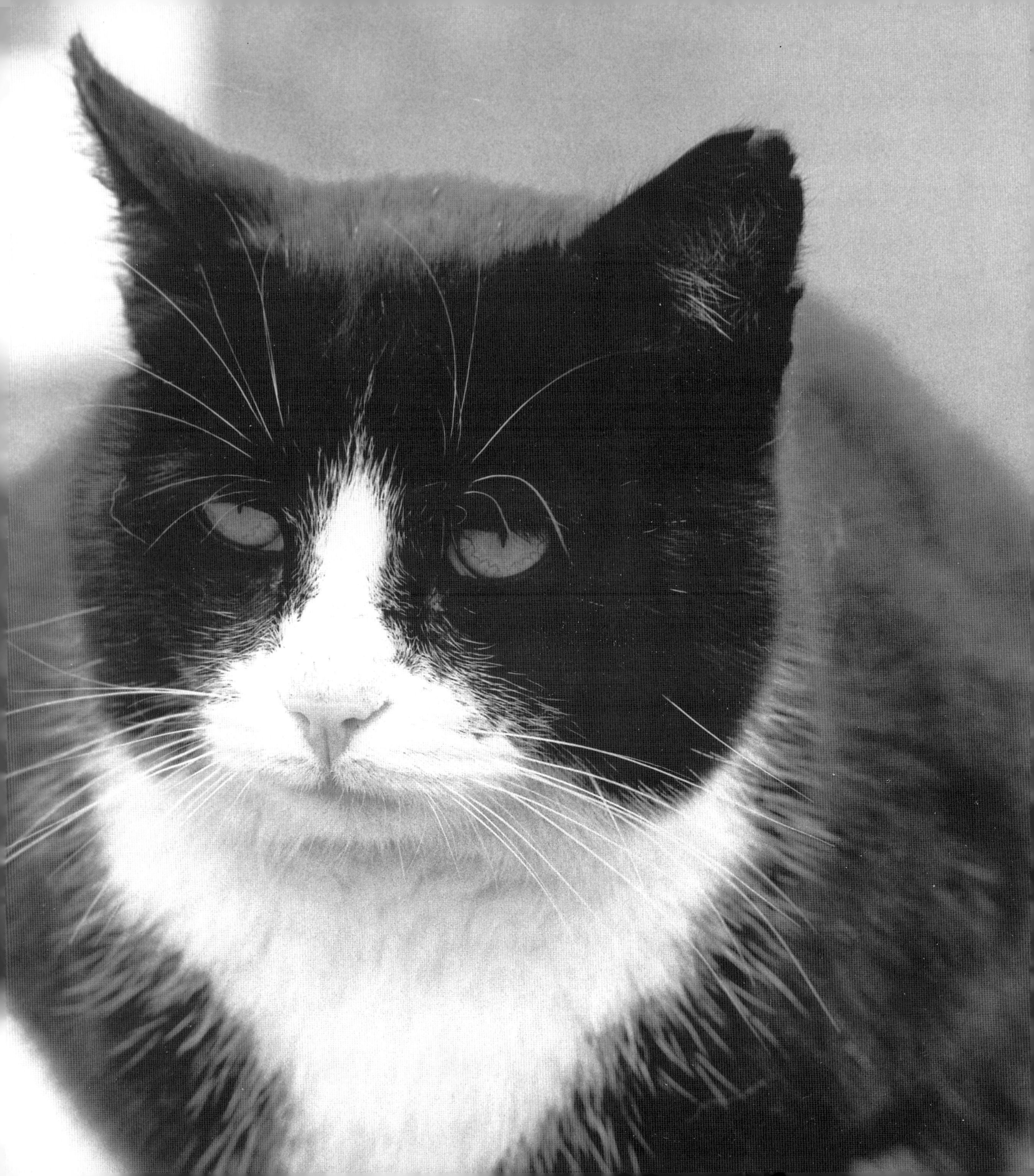

*U*nser Katz hat Katzerl g'habt.
Dreie, sechse, neune.
       Eines hat ein Ringerl auf,
Dieses ist das meine.

              KINDERLIED

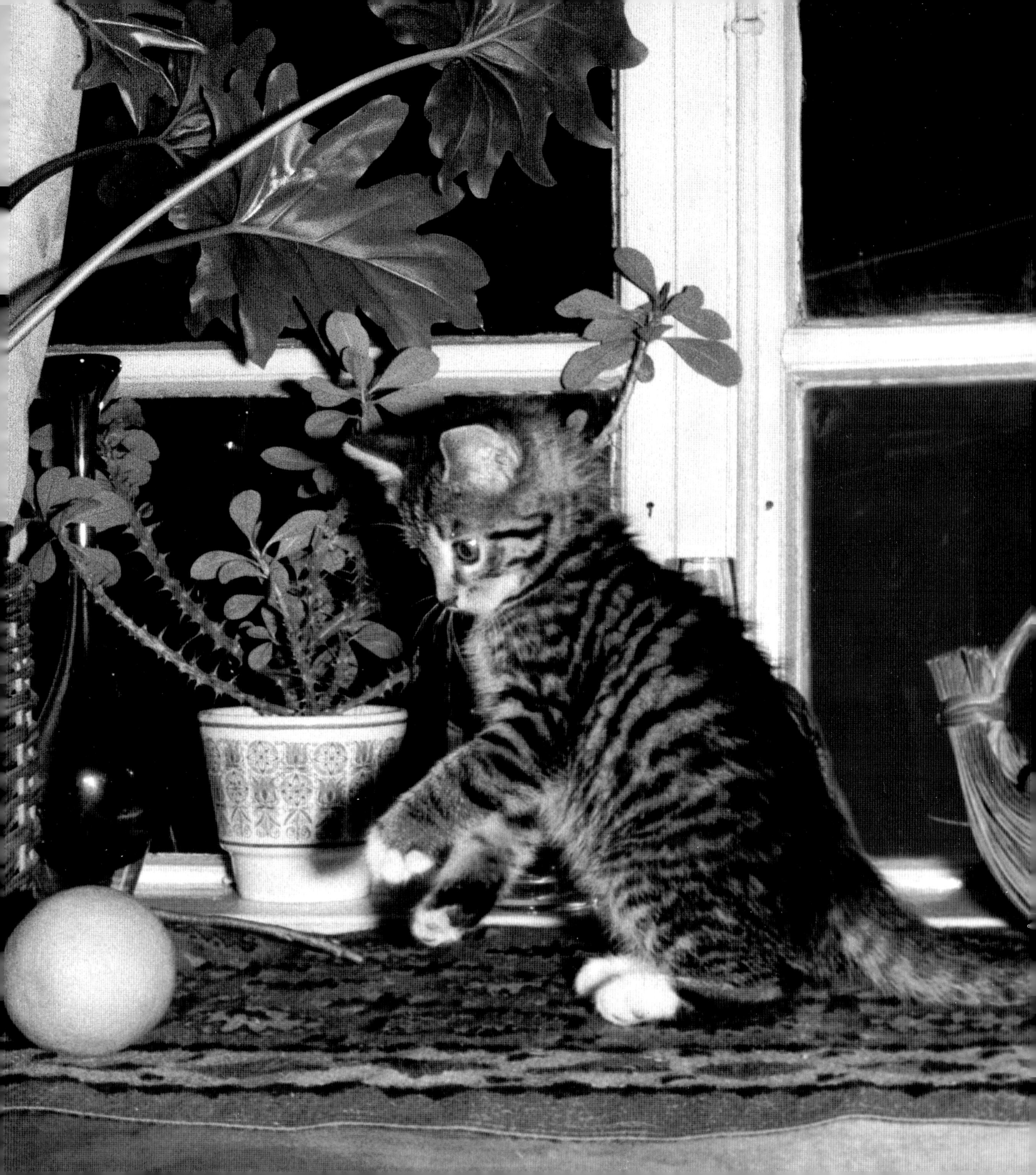

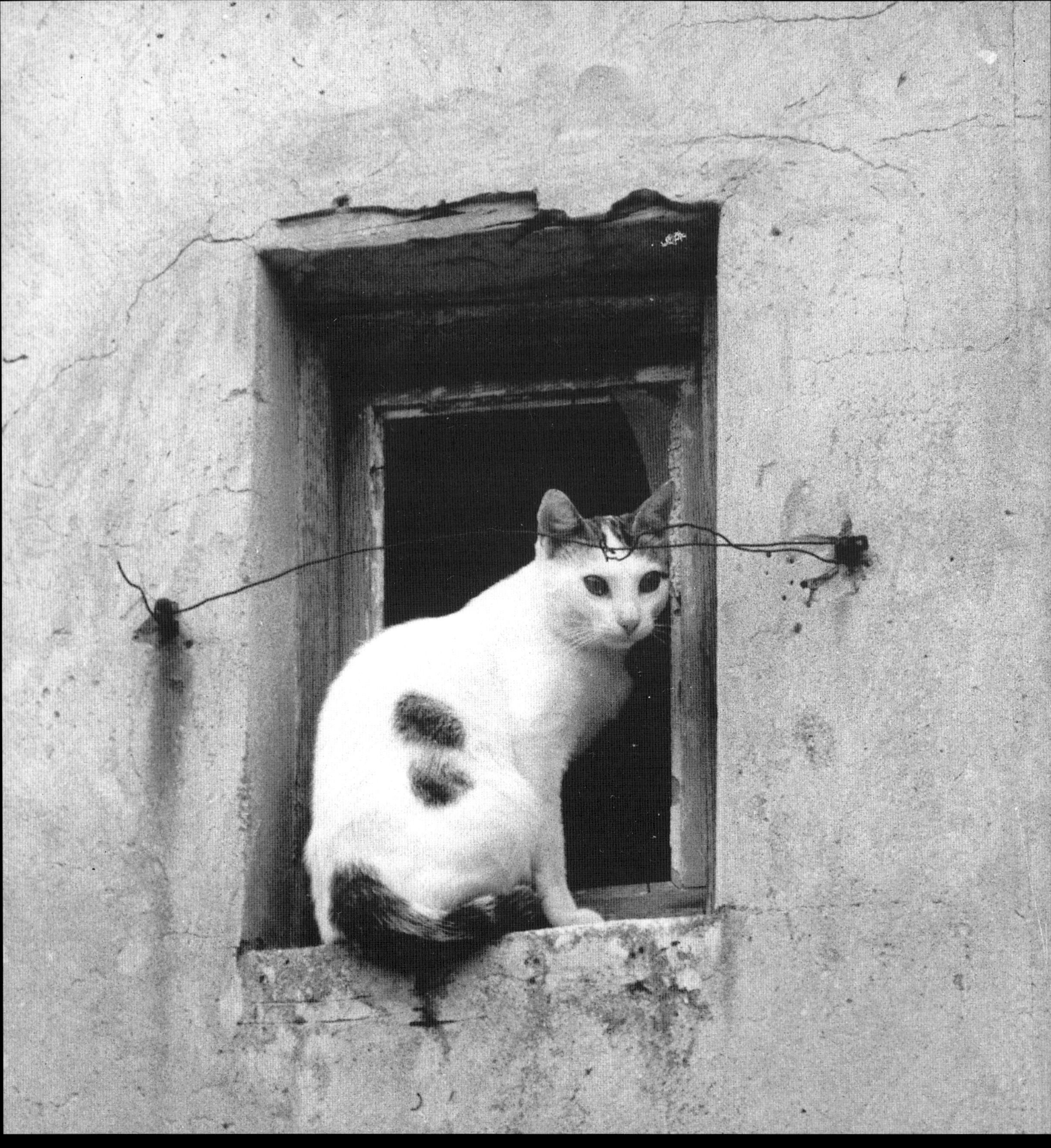

Abuherriras Katze hier
Knurrt um den Herrn und schmeichelt:
Denn immer ist's ein heilig Tier
Das der Prophet gestreichelt.

JOHANN WOLFGANG VON GOETHE

Den Laut, den die Katzen, insonderheit, wenn man sie streichelt, von sich geben, nennt man das *Schnurren,* oder Spinnen; und den Laut, welchen sie machen, wenn sie sich gegen einen Hund vertheidigen, welcher dem Niesen gleicht, das *Pfuchzen.*

Auch die allerzahmesten lassen sich zu keinen häuslichen Diensten gebrauchen. Man kann sie vielmehr völlig frey nennen, weil sie thun, was ihnen einfällt, und nichts vermögend ist, sie an einem Orte zu erhalten, wo sie nicht Lust haben, länger zu verweilen.

Die Katzen lieben die Freyheit ungemein, und lassen sich nicht gern einsperren. Daher man an ihnen wahrgenommen hat, daß, wenn sie an einem Orte, um Mäuse zu fangen, eingesperret werden, sie ihr Amt nicht so gut verrichten, als wenn sie frey herum spatzieren können. Weswegen auch der Cardinal Mazarin von ihnen schreibt: »Die Katze ist ein Zeichen der Freyheit, und wurde von den alten Schwaben wegen dieser Deutung in den Fahnen geführt«.

Die Katzen beweisen eine Sorgfalt wegen künftiger Widerwärtigkeiten, und müssen demnach eine Vorstellung von der Zukunft haben. Eine Katze trägt z.B. ihre Jungen von dem Ort fort, wo man sie gestöret hat. Kommt sie zu einem Milch-Topfe, worin gekochte und heiße Milch ist, so wirft sie erst den Topf um, damit die Milch kalt werde, und sie sich nicht verbrenne. Sie probiert nicht aus dem Topfe zu saufen, wenn sie gleich bequem dazu gelangen kann, bloß aus Sorgfalt, sich nicht zu verbrennen.

Zur Gemüthsart der Katzen gehört auch, daß sie schmeichelnd und zuweilen treu sind. Wenn man sie ruft, schmeicheln sie sich an einem an, schnurren (spinnen), und stellen sich überaus freundlich.

In einigen Gegenden von Ägypten wurde die Katze sehr hoch gehalten und verehret. Man bethete sie unter ihrer natürlichen Gestalt, oder auch unter der Figur eines Menschen mit einem Katzen-Kopfe an. Derjenige, welcher aus Unvorsichtigkeit oder mit Vorsatze eine Katze tödtete, wurde auf das härteste bestraft. Es wurde dieses Thier daselbst für das Sinnbild der Isis oder des Mondes angesehen. Man glaubte, daß sich zwischen diesem Thiere und dem Monde, sehr viele Ähnlichkeit fände.

Merkwürdig ist es auch, was de la Parte von der Hochachtung der Muhamedaner für die Katzen schreibt. – Man sieht noch heutigen Tages mehr als ein Hospital, zum Besten dieser Thiere gestiftet. Diese Denkungsart scheint sich auf die Fabel zu gründen, daß Muhamed, als er einstmahls studirt hatte, und ihm eine Katze auf seinem Rock-Ärmel eingeschlafen war, er aber eilends zu Abwartung seines Gottesdienstes gehen mußte, er sich den Ärmel vom Rocke habe abschneiden lassen, um nicht die Katze in ihrer Ruhe zu stören. Unstreitig würde Muhamed, in ähnlichen Fällen auch heut zu Tage noch getreue Nachfolger finden; denn es gibt sehr viele Menschen, welche die Katzen mit einer wirklichen Art von Leidenschaft lieben.

KRÜNITZ, 1786

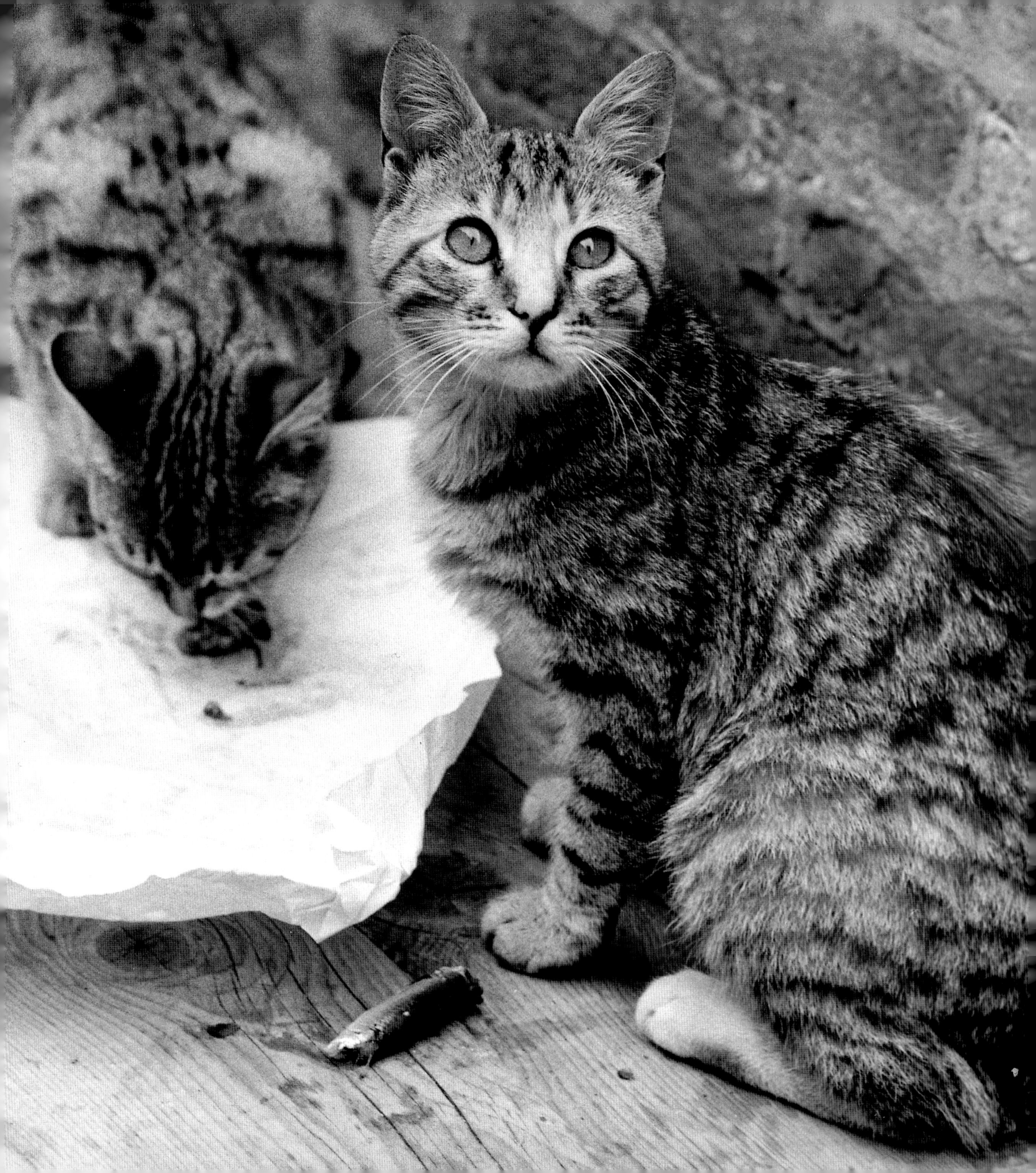

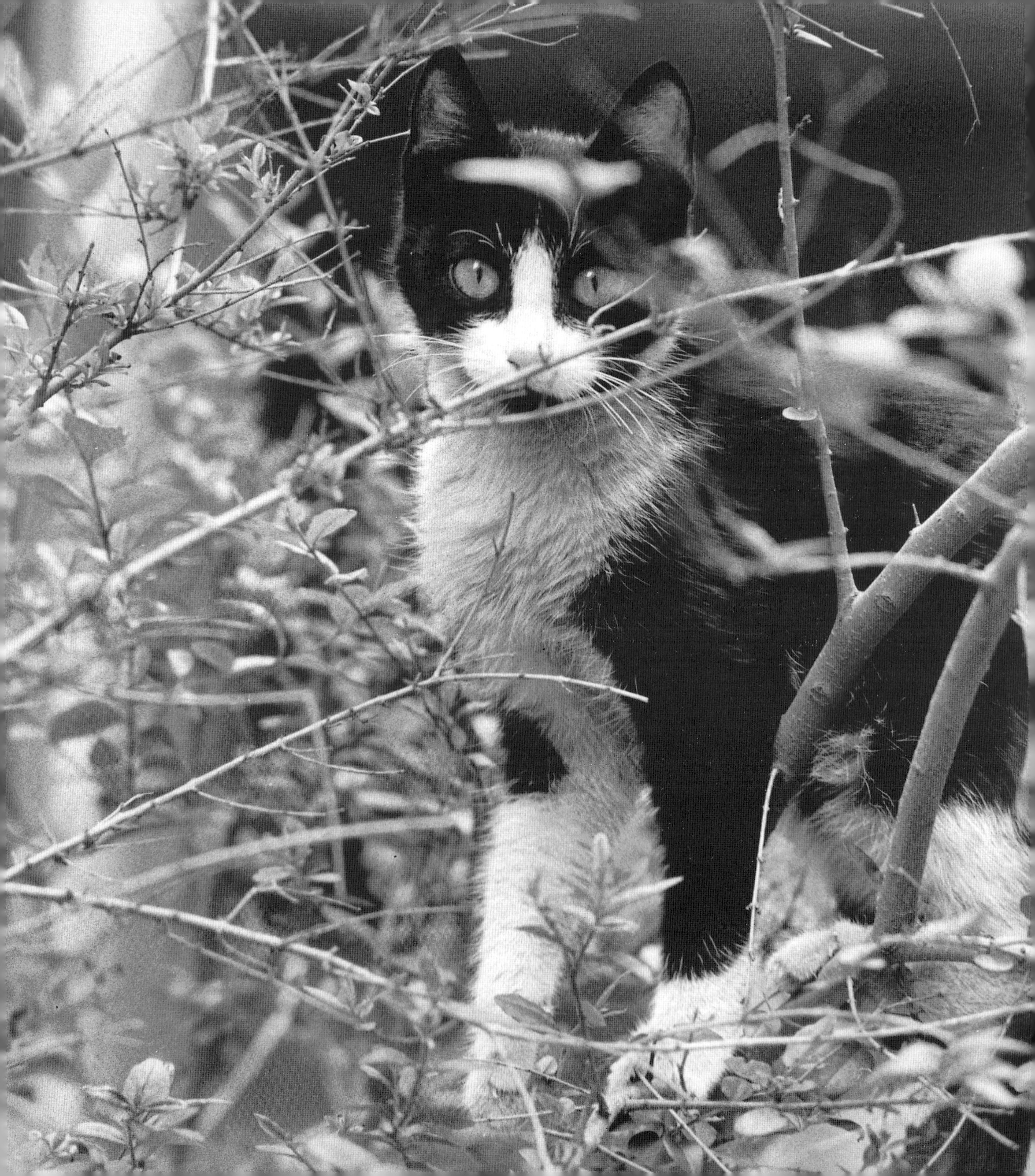

*W*er einmal beobachtet, wie die Katze die Sperlinge überlistet, obschon sie sich vorsehen und geschwind davonfliegen, der stellt fest, daß sie auf die Jagd geht nach der Art des Panthers und des Löwen; und wer einmal gesehen hat, wie sie mit einem Satz nach Heuschrecken im Fluge emporspringt, der weiß, daß sie schneller als die Heuschrecken ist.

Tierbuch des Dschâhis, 9. Jahrhundert

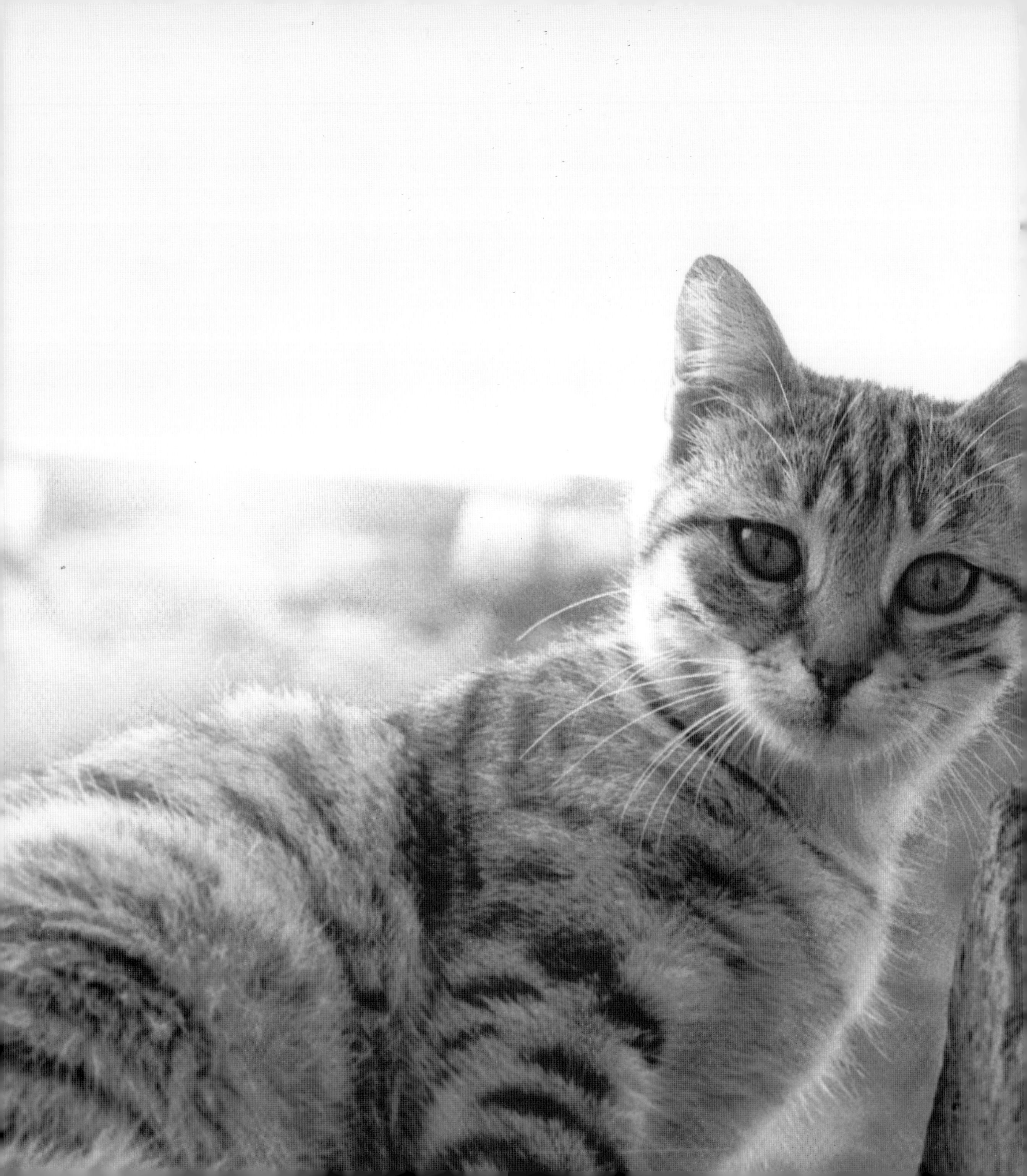

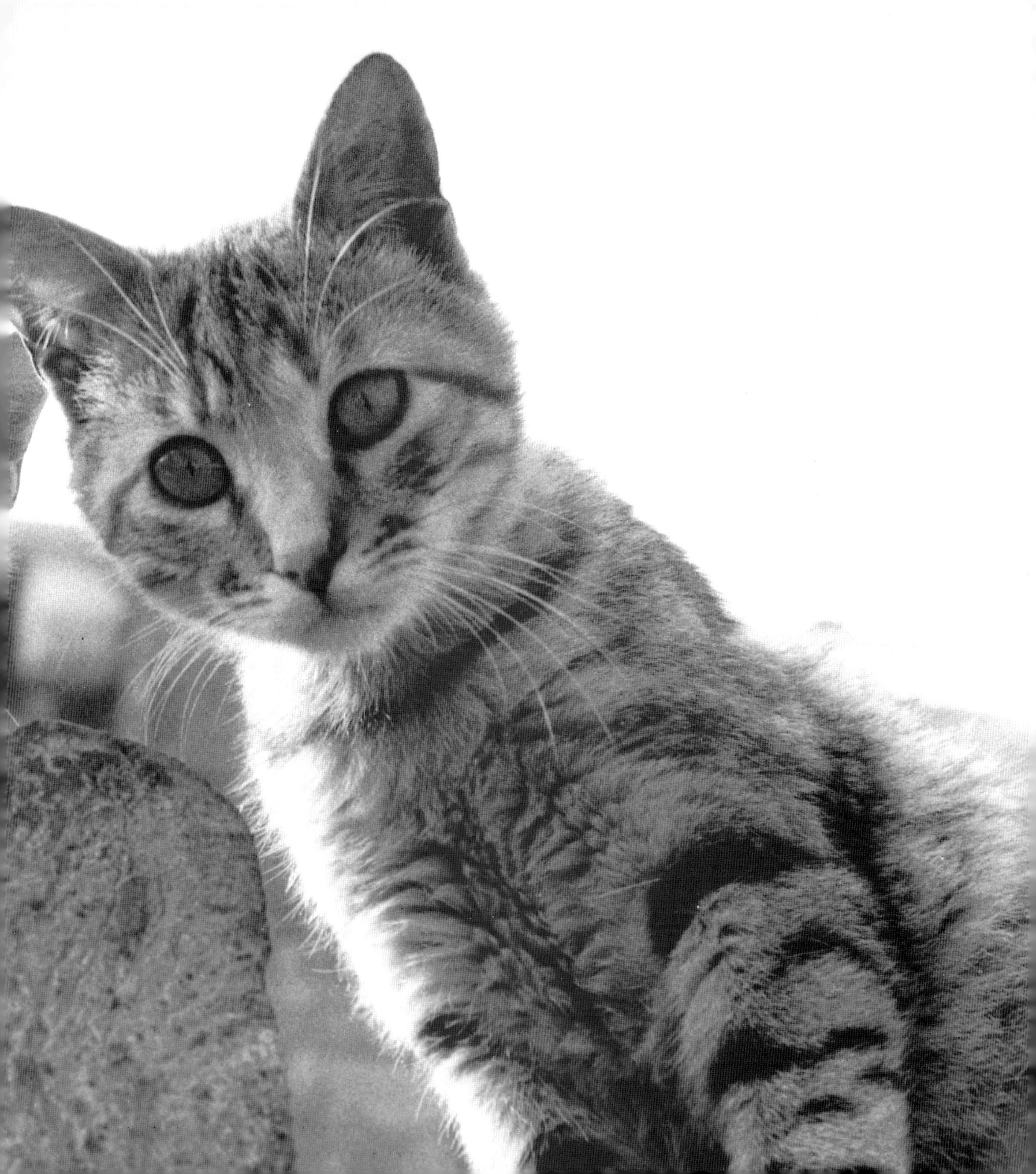

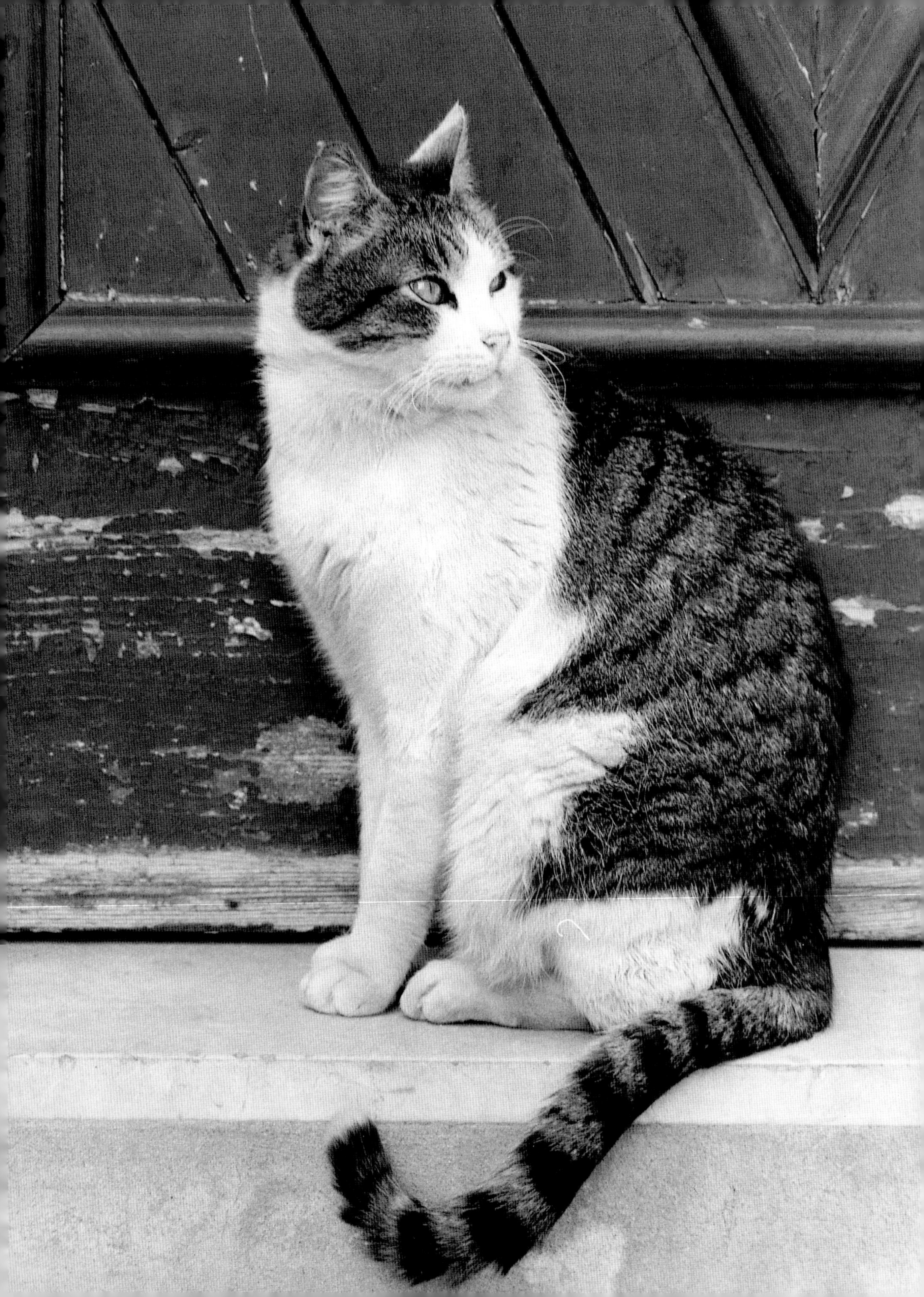

Herrn Schleckerjan sieht man Haut und Knochen nicht an –
Nein, er ist feist, und sein Fett ist schier.
Er, der Kneipen verschmäht, geht nur in Klubs früh und spät,
Denn St. James Street ist sein Revier.
Von allen wird er gegrüßt und hofiert,
    wenn er die Straße entlang flaniert
Im schwarzen Rock aus gewähltem Tuch.
Kein Mäusefänger im Land trägt Hosen so elegant
Und den Rücken so frei von Fluch.
In ganz St. James ist kein Name so vornehm und fein
Wie der dieses Dandys der Katzen;
Und wir sind alle stolz und geehrt, wenn ein Neigen,
    ein Nicken beschert
Herr Schleckerjan mit schneeweißen Tatzen.

So, und nichts ändern ich mag, läuft hin Schleckerjans Tag –
In diesem, in jenem Klub ist er zu Haus.
Es überrascht uns weiter nicht sehr,
    daß vor aller Aug mehr und mehr
Sein Bäuchlein sich unverkennbar wächst aus.
Ein Fünfundzwanzigpfünder er ist, oder ich bin
    der schlechteste Christ,
Und zu mehren den Speck ist er täglich bestrebt.
Denn er hält sich so gut, weil er andres nicht tut,
Er hat von je mit Routine gelebt.
Um in Reimen zu dichten: »Ich werde die Zeit mir schon richten«,
Ist die Parole dieses Freßsacks der Katzen.
Und der Frühling glänzt hell, wenn auf der heitren Pall Mall
Herr Schleckerjan zeigt die schneeweißen Tatzen.

*J*ohann, spann an,
drei Katzen voran,
drei Mäuse vorauf,
den Blocksberg hinauf.

KINDERSPRUCH

*In eines Katers Hirn,
der nicht mehr fischt
Und schwarz und alt den
letzten Zahn verschlissen –*

FRANÇOIS VILLON

*V*or dem Schloßtor lag im Sande
  Faul behaglich Hiddigeigei,
Sorgend, daß die Maiensonn' ihm
  Süß erwärmend auf den Pelz schien.

JOSEPH VIKTOR VON SCHEFFEL

*L*orus, im Verlaufe seines Strebens, trifft den ersten
Kater seines Lebens.
Dieser krümmt, traditionellerweis, seinen Rücken
fürchterlich zum Kreis.
Lorus spricht mit unerschrockner Zärte:
»Pax vobiscum, freundlicher Gefährte!«

CHRISTIAN MORGENSTERN

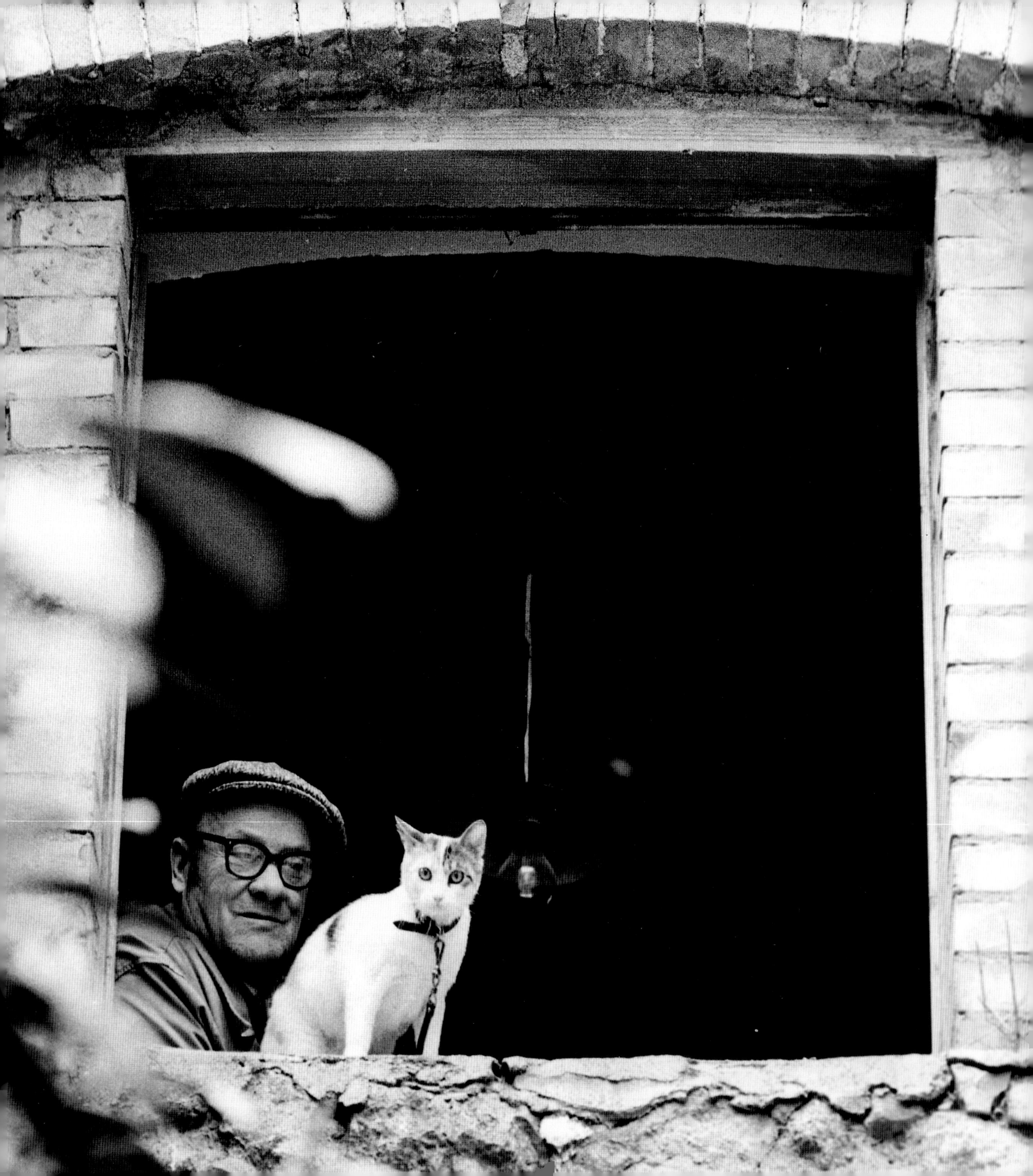

*D*ie Katze
ist der beste Hausfreund.

*N*imm die Augen in die Hand
und die Katz aufs Knie
Was du nicht siehst,
das sieht die.

*D*ie Katze
schnurrt der Frau,
der Hund wedelt
vorm Herrn

SPRICHWÖRTER

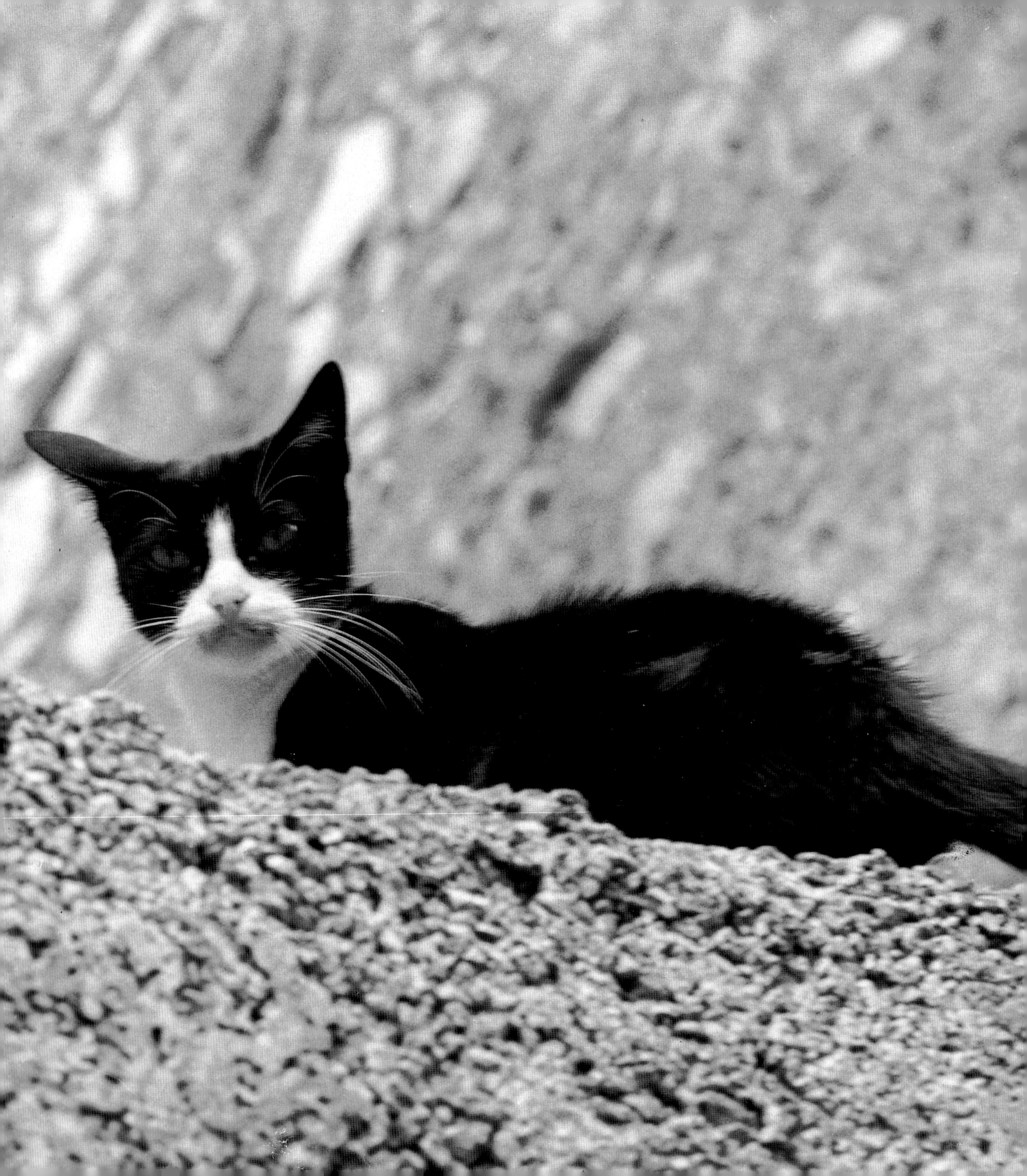

$\mathcal{Z}$ahme Katzen sind iederman bekannt –
sie sehen so gut bey Nacht als bey Tage –
bleiben gern im Hause, wo sie erzogen sind,
wenn auch schon der Herr ausziehet;
trägt man sie auch schon im Sack weit weg,
kommen sie doch gemeiniglich wieder, und
finden sich zurechte, schnurren fast immer,
und soll es eine Freundlichkeit seyn.

Lexikon, 1722

Der Hund und die Katze wollten dem Hausherrn nicht anders dienen als um Fleischkost. Der Hausherr war freilich zuerst dagegen, als er aber schließlich einsah, daß der Handel sonst nicht zustande kommen werde, gab er nach und unterzeichnete mit ihnen einen Kontrakt, worin er sich verpflichtete, dem Hund und der Katze einmal täglich Fleisch zu geben.
Die Katze nahm den Kontrakt an sich, brachte ihn in den Dachraum und band ihn dort an einen Querbalken.
Die Mäuse fanden den Kontrakt und zerknabberten ihn in lauter kleine Stückchen.
Nachher, als der Hund und die Katze zum Hausherrn gingen, um von ihm das versprochene Fleisch zu verlangen, da wünschte er den Kontrakt einzusehn; weil aber weder der Hund noch die Katze ihn vorzeigen konnten, ließ sie der Hausherr das Fleisch nicht einmal riechen.
Schließlich entbrannte zwischen dem Hunde und der Katze ein Streit. Der Hund verlangte, die Katze solle den Kontrakt herbeischaffen, denn ohne das hatten sie auch nicht einen Mundvoll Fleisch zu erhoffen. Weil aber die Katze den Kontrakt auf keine Weise herbeischaffen konnte, so wurde seit jenem Tage der Hund zum schlimmsten Feinde der Katze.
Da nun die Katze trotz ihres Mutes dem Hunde nichts anhaben konnte, so begann sie die Mäuse zu verfolgen, weil sie den Kontrakt zerrissen hatten.

ESTNISCHES MÄRCHEN

*D*ie Katze gleicht dem Menschen in mancherlei Dingen: Sie niest; sie gähnt; sie streckt sich; und sie wäscht Gesicht und Augen mit ihrem Speichel.
Auch putzt die Katze das Fell ihrer Jungen, der kleinen und der größeren, so daß sie aussehen wie geölt.

TIERBUCH DES DSCHÂHIS, 9. JAHRHUNDERT

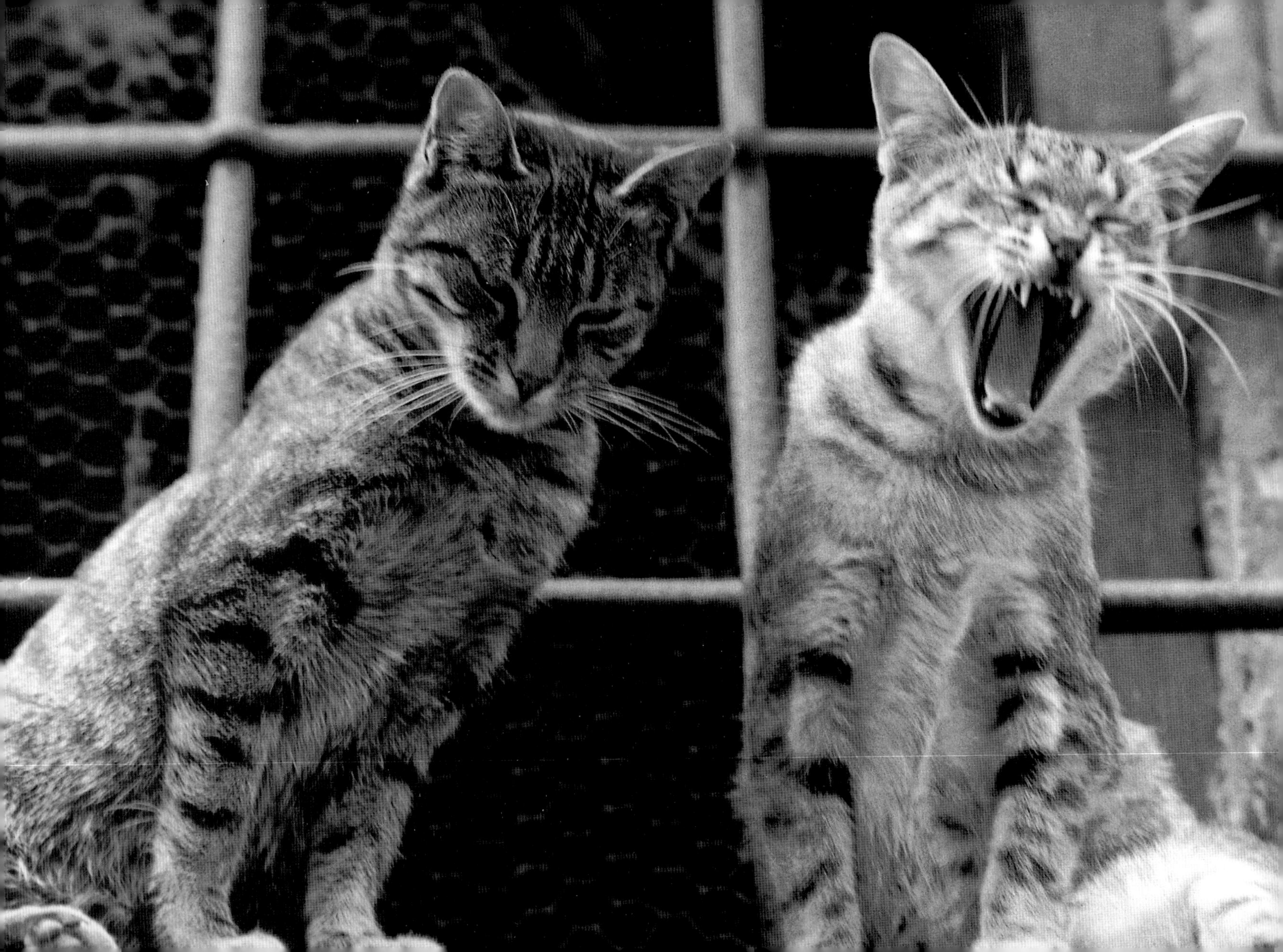

Die Katzen und der Hausherr

*T*hier' und Menschen schliefen feste,
Selbst der Hausprophete schwieg,
Als ein Schwarm geschwänzter Gäste
Von den nächsten Dächern stieg.

In dem Vorsaal eines Reichen
Stimmten sie ihr Liedchen an,
So ein Lied, das Stein' erweichen,
Menschen rasend machen kann.

Hinz, des Murners Schwiegervater,
Schlug den Takt erbärmlich schön,
Und zween abgelebte Kater
Quälten sich, ihm beyzustehn.

Endlich tanzten alle Katzen,
Poltern, lärmen, daß es kracht,
Zischen, heulen, sprudeln, kratzen,
Bis der Herr im Haus erwacht.

Dieser springt mit einem Prügel
In dem finstern Saal herum,
Schlägt um sich, zerstößt den Spiegel,
Wirft ein Dutzend Schaalen um.

Stolpert über einge Späne,
Stürzt im Fallen auf die Uhr,
Und zerbricht zwo Reihen Zähne:
Blinder Eifer schadet nur.

MAGNUS GOTTFRIED LICHTWER

*D*ie Katze möchte
Fische fressen,
aber sie mag sich die Füße
nicht nässen.

SPRICHWORT

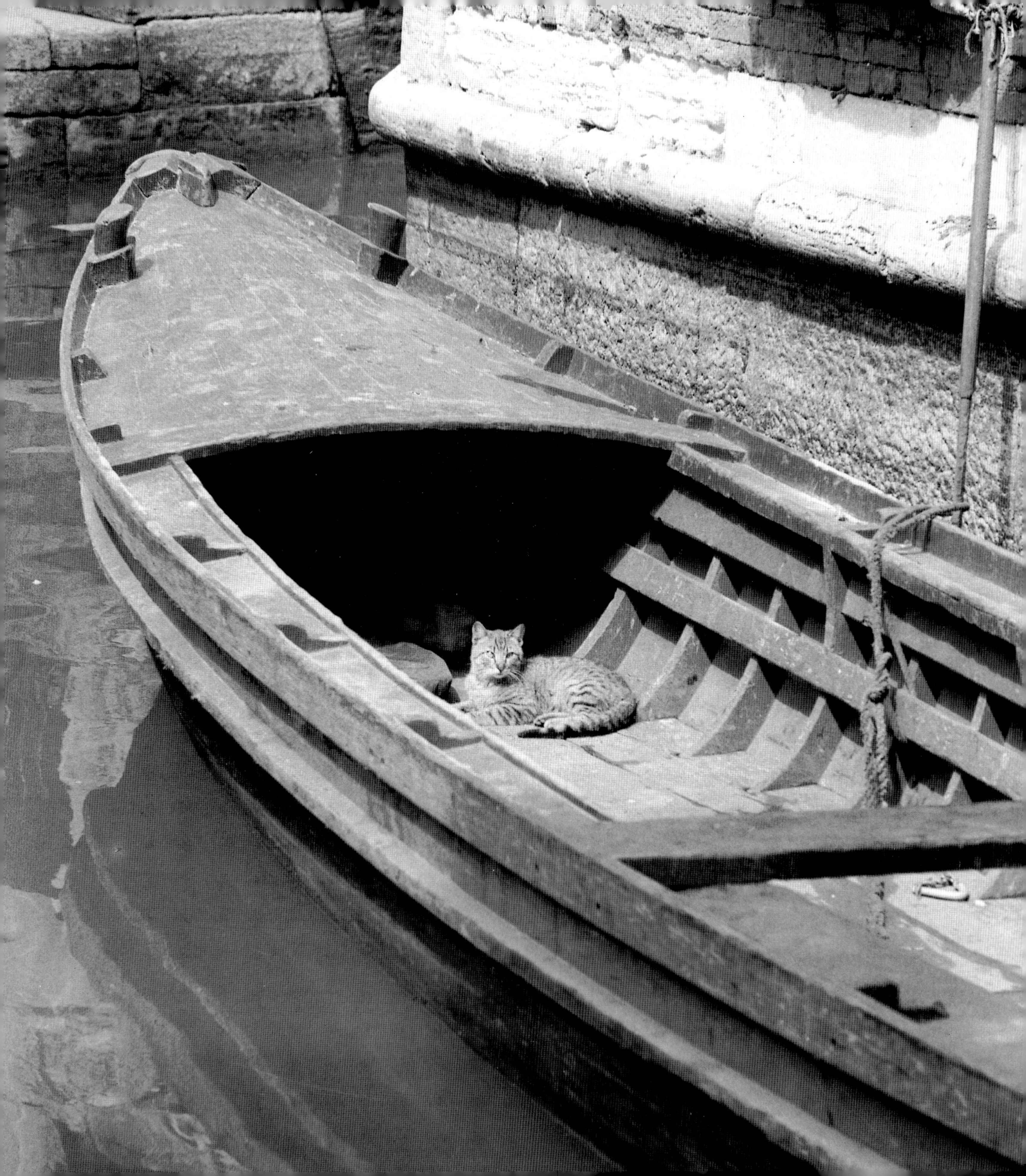

Katze vor Anker

*S*chlafen die Bewohner
Von dem Gaffelschoner
Im Kajüt am Heck? –

Weil das Boot vor Anker liegt,
Hockt die Katze mißvergnügt
Oben auf dem Deck.

Sieht sie Mäuse, Ratten? –
Doch der Wind hat sich gelegt.
Was sich einzig noch bewegt,
Ist ihr eigner Schatten.

Vor ihr liegt ein dickes Tau,
Rund geschlängelt wie ein Kranz,
Viel viel länger als ihr Schwanz.
Ach, miau – miau.

Keine Ratte, keine Maus,
Keine Gasse und kein Haus,
Nichts, was mitmiaute.

Und die arme Katerbraut
Äußert ihren Kummer laut
Dort im Strom bei Flaute.

JOACHIM RINGELNATZ

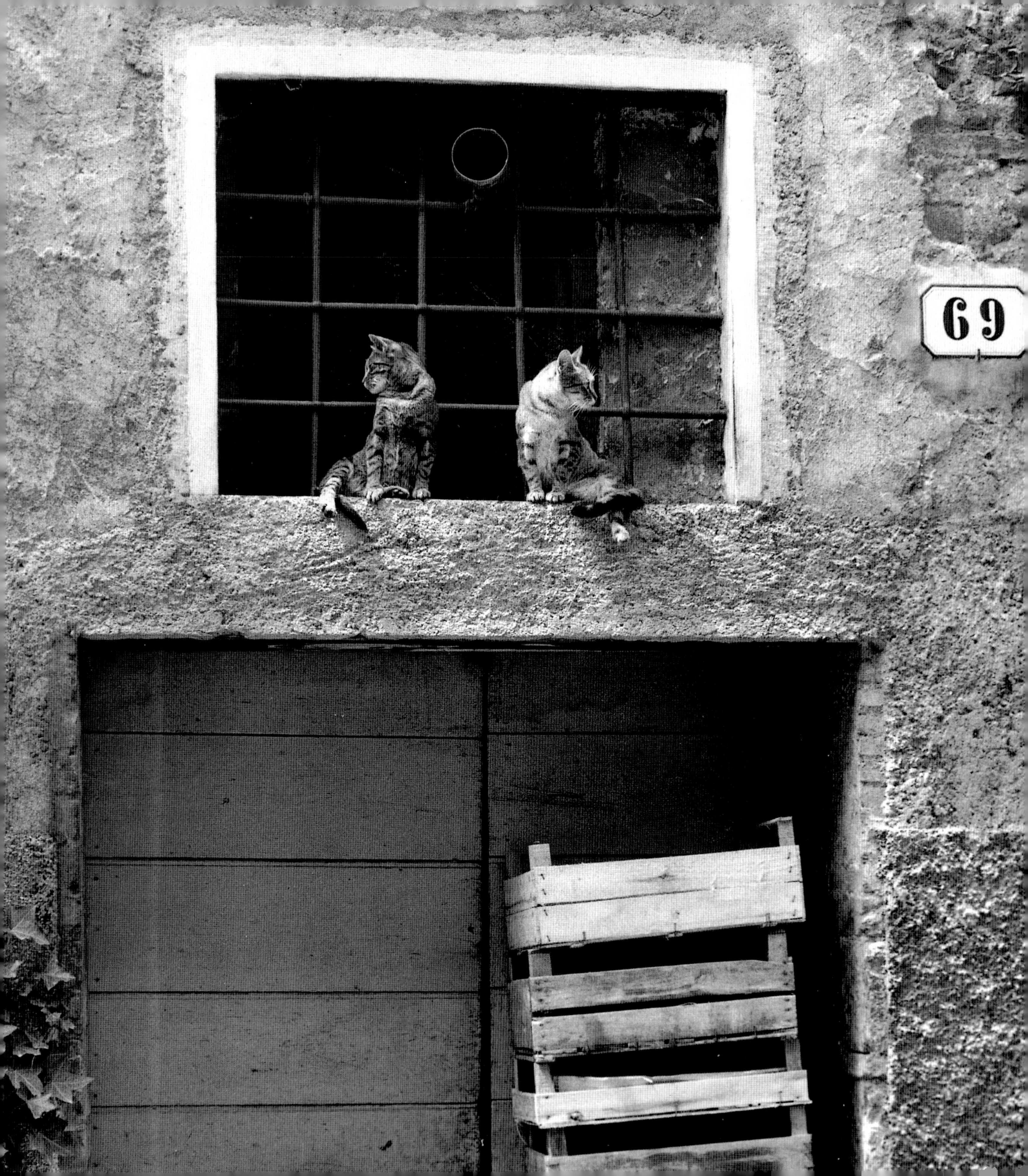
69

*U*nd o! Wie die Katz' auf dem Tritte des Tisches
Schnurrt und das Pfötchen sich leckt, auch Bart und Nacken sich putzet!

Johann Heinrich Voss

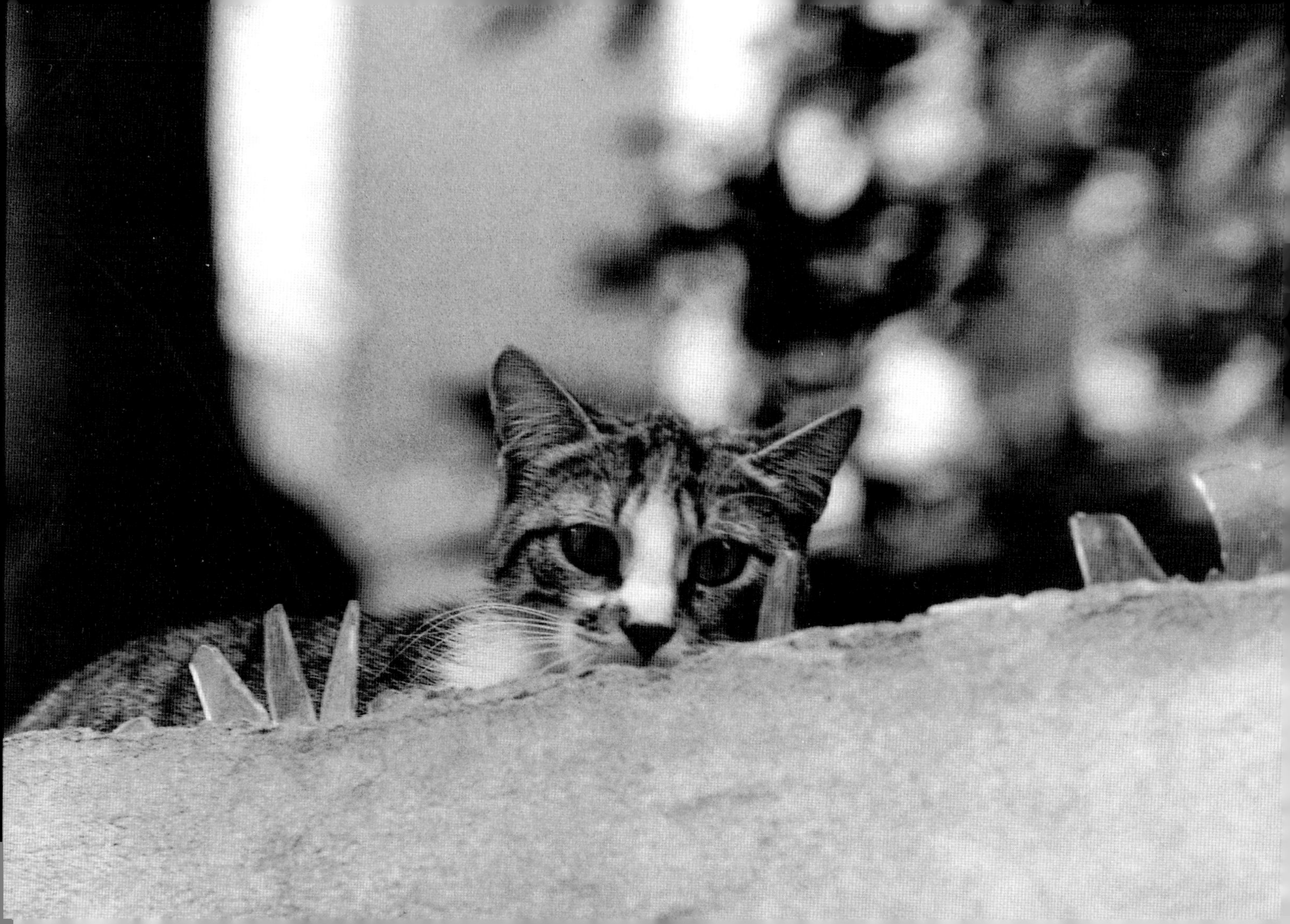

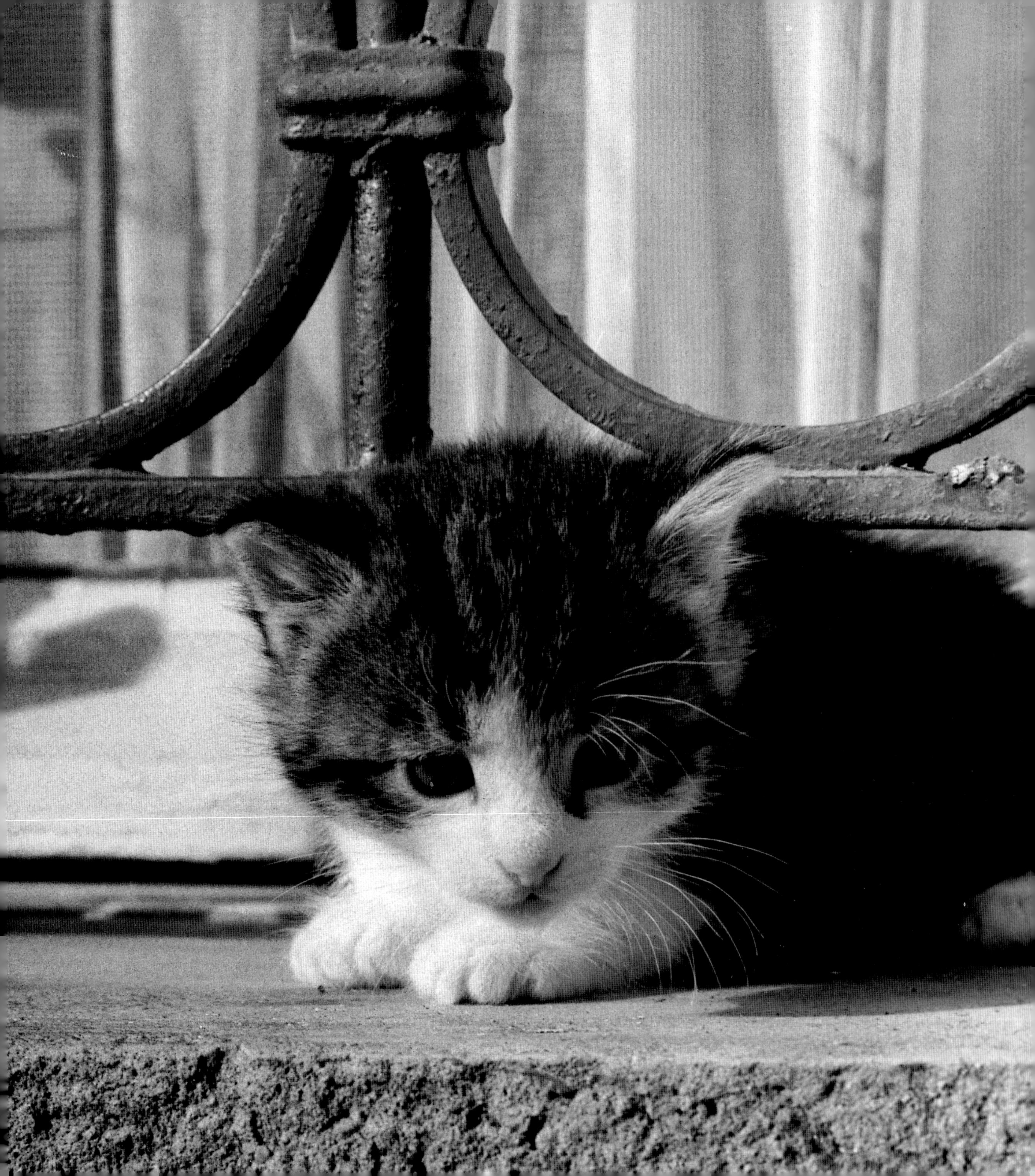

*D*er Prophet des Islam – Gott segne ihn und gebe ihm Heil – sagte über die Katze: »Sie gehört zu Euren vertrauten Hausgenossen.« Speise und Trank, von denen eine Katze genommen, galten ihm nicht als unrein. – Offenbar liebte der Prophet, daß man Katzen zu sich nehme. –

Einer der Gefährten des Propheten wurde Abû Huraira, ›der Mann mit dem Kätzchen‹, genannt –, weil er eine Katze in seinem Ärmel zu tragen pflegte. Er überlieferte die Worte des Propheten: »Vor Eurer Zeit ist es geschehen, daß eine Frau wegen einer Katze in die Hölle kam. Sie hatte die Katze angebunden, ihr nichts zu fressen gegeben und nicht einmal zugelassen, daß sie kleines Getier am Boden fing. Nach ihrem Tode kam die Frau in die Hölle.« –

TIERBUCH DES DSCHÂHIS, 9. JAHRHUNDERT

> *Ringsumher kein lebend Wesen,*
> *Nur der Kater Hiddigeigei*
> *Leckt den Morgentau vom Buchse*
>
> Joseph Viktor von Scheffel

Katzentanz

$\mathcal{A}$m Sonntag,
da gehen die Kätzchen
auf ihren Tätzchen
zum Tanz
und tragen
dabei eine
kleine,
eine
außergewöhnlich
feine
Sonntagsschleife
am Schwanz.

Sie tanzen
behutsam
und leise
und halten
einander umfaßt.
So hüpfen sie
zierlich im Kreise
auf ganz
besondere Weise,
so lange,
wie's ihnen
paßt –

Doch dann steigt
über den Dächern
der Vollmond
leuchtend empor –
Da hört man
die wilden
Gesänge,
die markerschütternden
Klänge
vom nächtlichen
Katzenchor…

ILONA BODDEN

Miezchen

KIND:
Miezchen, warum wäschst du dich
Alle halbe Stunden? sprich!

MIEZCHEN:
Weil es gar zu häßlich steht,
Wenn man nicht recht sauber geht;
Köpfchen, Pfötchen, alles rein,
Anders darf's bei mir nicht seyn.

Unser Miezchen, hört' ich dann,
Stand in Ehren bei jedermann;
Sie ließen es gern
      in die Stube kommen,
Und haben's wohl gar
      auf den Schoos genommen.
Ich denke, das Waschen und das Putzen
Hat ihm gebracht so großen Nutzen.

WILHELM HEY

*A*us all dem geht hervor,
daß die Katzen die Freundschaft
des Menschen in vollstem Maße
verdienen.

BREHMS TIERLEBEN

Kater Murr

𝒟amit öffnete Meister Abraham die Türe, und auf der Strohmatte zusammengekrümmt, schlafend, lag ein Kater, der wirklich in seiner Art ein Wunder von Schönheit zu nennen. Die grauen und schwarzen Streifen des Rückens liefen zusammen auf dem Scheitel zwischen den Ohren und bildeten auf der Stirne die zierlichste Hieroglyphenschrift. Ebenso gestreift und von ganz ungewöhnlicher Länge und Stärke war der stattliche Schweif. Dabei glänzte des Katers buntes Kleid und schimmerte, von der Sonne beleuchtet, so daß man zwischen dem Schwarz und Grau noch schmale goldgelbe Streifen wahrnahm.

»Murr! Murr!« rief Meister Abraham. »krr – krr«, erwiderte der Kater sehr vernehmlich, dehnte – erhob sich, machte den außerordentlichsten Katzenbuckel und öffnete ein Paar grasgrüne Augen, aus denen Geist und Verstand in funkelndem Feuer hervorblitzten. Das behauptete wenigstens Meister Abraham, und auch Kreisler mußte so viel einräumen, daß der Kater etwas Besonderes, Ungewöhnliches im Antlitz trage, daß sein Kopf hinlänglich dick, um die Wissenschaften zu fassen, sein Bart aber schon jetzt in der Jugend weiß und lang genug sei, um dem Kater gelegentlich die Autorität eines griechischen Weltweisen zu verschaffen. »Wie kann man aber auch überall gleich schlafen«, sprach Meister Abraham zum Kater, »du verlierst alle Heiterkeit darüber und wirst vor der Zeit ein grämliches Tier. Putz dich fein, Murr!«

Sogleich setzte sich der Kater auf die Hinterfüße, fuhr mit den Samtpfötchen sich zierlich über Stirn und Wangen und stieß dann ein klares freudiges Miau aus.

* * *

Aus dem Manuskript des Katers, den der Herausgeber persönlich kennen gelernt: Immer besser und besser wurde mir zumute, und ich begann mein inneres Wohlbehagen zu äußern, indem ich jene seltsame, meinem Geschlecht allein eigene Töne von mir gab, die die Menschen durch den nicht unebenen Ausdruck: spinnen bezeichnen. So ging ich mit Riesenschritten vorwärts in der Bildung für die Welt. Welch ein Vorzug, welch ein köstliches Geschenk des Himmels, inneres physisches Wohlbehagen ausdrücken zu können durch Ton und Gebärde! — Erst knurrte ich, dann kam mir jenes unnachahmliche Talent, den Schweif in den zierlichsten Kreisen zu schlängeln, dann die wunderbare Gabe, durch das einzige Wörtlein »Miau« Freude, Schmerz, Wonne und Entzücken, Angst und Verzweiflung, kurz, alle Empfindungen und Leidenschaften in ihren mannigfaltigsten Abstufungen auszudrücken. Was ist die Sprache der Menschen gegen dieses einfachste aller einfachen Mittel, sich verständlich zu machen!

* * *

Der Tag war heiß gewesen, ich hatte ihn unter dem Ofen verschlafen. Nun brach die Abenddämmerung ein, und kühle Winde sausten durch meines Meisters geöffnetes Fenster. Ich erwachte aus dem Schlaf, meine Brust erweiterte sich, durchströmt von dem unnennbaren Gefühl, das, Schmerz und Lust zugleich, die süßesten Ahnungen entzündet. Von diesen Ahnungen überwältigt, erhob ich mich hoch in jener ausdrucksvollen Bewegung, die der kalte Mensch Katzenbuckel benennet! — Hinaus — hinaus trieb es mich in die freie Natur, ich begab mich daher aufs Dach und lustwandelte in den Strahlen der sinkenden Sonne. Da vernahm ich Töne von dem Boden aufsteigen, so sanft, so heimlich, so bekannt, so anlockend, ein unbekanntes Etwas zog mich hinab mit unwiderstehlicher Gewalt. Ich verließ die schöne Natur und kroch durch eine kleine Dachluke hinein in den Hausboden. — Hinabgesprungen, gewahrte ich alsbald eine große, schöne, weiß und schwarz gefleckte Katze, die, auf den Hinterfüßen sitzend in bequemer Stellung, eben jene anlockenden Töne von sich gab und mich nun mit forschenden Blicken durchblitzte. Augenblicklich setzte ich mich ihr gegenüber und versuchte, dem innern Trieb nachgebend, in das Lied einzustimmen, das die weiß und schwarz Gefleckte angestimmt. Das gelang mir, ich muß es selbst sagen, über die Maßen wohl, und von diesem Augenblick an datiert sich, wie ich für die Psychologen, die mich und mein Leben studieren, hier bemerke, mein Glaube an mein inneres musikalisches Talent und, wie zu erachten, mit diesem Glauben auch das Talent selbst.

* * *

Mir standen neue Erfahrungen bevor.

Eines Tages, als mein Meister eben in einen großen Folianten vertieft war, den er vor sich aufgeschlagen, und ich, dicht bei ihm unter dem Schreibtisch, auf einem Bogen des schönsten Royalpapiers liegend, mich in griechischer Schrift versuchte, die mir vorzüglich in der Pfote zu liegen schien, trat rasch ein junger Mann hinein, den ich schon mehrmals bei dem Meister gesehen, und der mich mit freundlicher Hochachtung, ja mit der wohltuenden Verehrung behandelte, die dem ausgezeichneten Talent, dem entschiedenen Genie gebührt. Denn nicht allein daß er jedesmal, nachdem er den Meister begrüßt, zu mir sprach: »Guten Morgen, Kater!« so kraute er mir auch jedesmal mit leichter Hand hinter den Ohren und streichelte mir sanft den Rücken, so daß ich in diesem Betragen wahre Aufmunterung fand, meine innern Gaben leuchten zu lassen vor der Welt. Heute sollte sich alles anders gestalten!

Wie sonst niemals, sprang nämlich heute dem jungen Mann ein schwarzes zottiges Ungeheuer mit glühenden Augen nach, zur Türe hinein und, als es mich erblickte, gerade auf mich zu. Mich überfiel eine unbeschreibliche Angst, mit einem Satz war ich auf dem Schreibtisch meines Meisters und stieß Töne des Entsetzens und der Verzweiflung aus, als das Ungeheuer hoch hinaufsprang nach dem Tisch und dazu einen mörderlichen Lärm machte. Mein guter Meister, dem um mich bange, nahm mich auf den Arm und steckte mich unter den Schlafrock. Doch der junge Mann sprach: »Seid doch nur ganz unbesorgt, lieber Meister Abraham. Mein Pudel tut keiner Katze was, er will nur spielen. Setzt den Kater nur hin, sollt Euch freuen, wie die Leutchen miteinander Bekanntschaft machen werden, mein Pudel und Euer Kater.«

Mein Meister wollte mich wirklich niedersetzen, ich klammerte mich aber fest an und begann kläglich zu lamentieren, wodurch ich es denn wenigstens dahin brachte, daß der Meister mich, als er sich niederließ, dicht neben sich auf dem Stuhle litt.

Ermutigt durch meines Meisters Schutz, nahm ich, auf den Hinterpfoten sitzend, den Schweif umschlungen, eine Stellung an, deren Würde, deren edler Stolz meinem vermeintlichen schwarzen Gegner imponieren mußte. Der Pudel setzte sich vor mir hin auf die Erde, schaute mir unverwandt ins Auge und sprach zu mir in abgebrochnen Worten, die mir freilich unverständlich blieben. Meine Angst verlor sich nach und nach, ganz und gar und ruhig geworden im Gemüt, vermochte ich zu bemerken, daß in dem Blick des Pudels nichts zu entdecken als Gutmütigkeit und biederer Sinn. Unwillkürlich fing ich an, meine zum Vertrauen geneigte Seelenstimmung durch sanftes Hin- und Herbewegen des Schweifes an den Tag zu legen, und sogleich begann auch der Pudel mit dem kurzen Schweiflein zu wedeln auf die anmutigste Weise.

O! mein Inneres hatte ihn angesprochen, nicht zu zweifeln war an dem Anklang unserer Gemüter! – »Wie«, sprach ich zu mir selbst, »wie konnte dich das ungewohnte Betragen dieses Fremden so in Furcht und Schrecken setzen? – Was bewies dieses Springen, dieses Klaffen, dieses Toben, dieses Rennen, dieses Heulen anders, als den in Liebe und Lust, in der freudigen Freiheit des Lebens heftig und mächtig bewegten Jüngling? – O, es wohnt Tugend, edle Pudeltümlichkeit in jener schwarz bepelzten Brust!« – Durch diese Gedanken erkräftigt, beschloß ich den ersten Schritt zu tun zu näherer, engerer Einigung unserer Seelen und herabzusteigen von dem Stuhl des Meisters. Sowie ich mich erhob und dehnte, sprang der Pudel auf und in der Stube umher mit lautem Klaffen! – Äußerungen eines herrlichen lebenskräftigen Gemüts! – Es war nichts mehr zu befürchten, ich stieg sogleich herab und näherte mich behutsam leisen Schrittes dem neuen Freunde. Wir begannen jenen Akt, der in bedeutender Symbolik die nähere Erkenntnis verwandter Seelen, den Abschluß des aus dem inneren Gemüt heraus bedingten Bündnisses ausdrückt, und den der kurzsichtige frevelige Mensch mit dem gemeinen unedlen Ausdruck »Beschnüffeln« bezeichnet. Mein schwarzer Freund bezeigte Lust, etwas von den Hühnerknochen zu genießen, die in meiner Speiseschüssel lagen. So gut ich es vermochte, gab ich ihm zu verstehen, daß es der Weltbildung, der Höflichkeit gemäß sei, ihn als meinen Gast zu bewirten. Er fraß mit erstaunlichem Appetit, während ich von weitem zusah. – Gut war es doch, daß ich den Bratfisch beiseite gebracht und einmagaziniert unter mein Lager. – Nach der Tafel begannen wir die anmutigsten Spiele, bis wir uns zuletzt, ganz ein Herz und eine Seele, umhalsten und, fest aneinandergeklammert, uns ein Mal über das andere überkugelnd, uns innige Treue und Freundschaft zuschworen. Ich weiß nicht, was dieses Zusammentreffen schöner Seelen, dieses Einandererkennen herziger Jünglingsgemüter Lächerliches in sich tragen konnte: so viel ist aber gewiß, daß beide, mein Meister und der fremde junge Mann, unaufhörlich aus vollem Halse lachten, zu meinem nicht geringen Verdruß.

***

Des Märzen Idus war angebrochen, die schönen milden Strahlen der Frühlingssonne fielen auf das Dach, und ein sanftes Feuer durchglühte mein Inneres. Schon seit ein paar Tagen hatte mich eine unbeschreibliche Unruhe, eine unbekannte wunderbare Sehnsucht geplagt, – jetzt wurde ich ruhiger, doch nur um bald in einen Zustand zu geraten, den ich niemals geahnt! – Aus einer Dachluke, unfern von mir, stieg leis und linde ein Geschöpf heraus, – o, daß ich es vermöchte, die Holdeste zu malen! – Sie war ganz weiß gekleidet, nur ein kleines schwarzes Samtkäppchen bedeckte die niedliche Stirn, sowie sie auch schwarze Strümpfchen an den zarten Beinen trug. Aus dem lieblichsten Grasgrün der schönsten Augen funkelte ein süßes Feuer, die sanften Bewegungen der feingespitzten Ohren ließen ahnen, daß Tugend in ihr wohne und Verstand, sowie das wellenförmige Ringeln des Schweifs hohe Anmut aussprach und weiblichen Zartsinn! – Das holde Kind schien mich nicht zu erschauen, es blickte in die Sonne, blinzelte und nieste. – O, der Ton durchbebte mein Innerstes mit süßen Schauern, meine Pulse schlugen – mein Blut wallte siedend durch alle Adern, – mein Herz wollte zerspringen, – alles unnennbar schmerzliche Entzücken, das mich außer mir selbst setzte, strömte heraus in dem lang gehaltenen Miau! das ich ausstieß. – Schnell wandte die Kleine den Kopf nach mir, blickte mich an, Schreck, kindliche süße Scheu in den Augen. – Unsichtbare Pfoten rissen mich hin zu ihr mit unwiderstehlicher Gewalt – aber sowie ich auf die Holde lossprang, um sie zu erfassen, war sie schnell wie der Gedanke hinter dem Schornstein verschwunden! –

Ich beschloß, mich gehörig mit Speis' und Trank zu stärken und dann die Kleine aufzusuchen, der ich mein ganzes Herz zugewandt. Eine süße Ahnung sagte mir, daß sie vor der Türe des Hauses sitze, ich stieg die Treppe hinab und fand sie wirklich! – O, welch ein Wiedersehen! – wie wallte in meiner Brust das Entzücken, die unnennbare Wonne des Liebesgefühls. – Miesmies, so wurde die Kleine geheißen, wie ich von ihr später erfuhr, Miesmies saß da in zierlicher Stellung auf den Hinterfüßen und putzte sich, indem sie mit den Pfötchen mehrmals über die Wangen, über die Ohren fuhr. Mit welcher unbeschreiblichen Anmut besorgte sie vor meinen Augen das, was Reinlichkeit und Eleganz erfordern, sie bedurfte nicht schnöder Toilettenkünste, um die Reize, die ihr die Natur verliehen, zu erhöhen! Bescheidner als das erstemal nahte ich mich ihr, setzte mich zu ihr hin! – Sie floh nicht, sie sah mich an mit forschendem Blick und schlug dann die Augen nieder. – »Holdeste«, begann ich leise, »sei mein!« – »Kühner Kater«, erwiderte sie verwirrt, »kühner Kater, wer bist du? Kennst du mich denn? – Wenn du aufrichtig bist so wie ich und wahr, so sage und schwöre mir, daß du mich wirklich liebst.« – »O«, rief ich begeistert, »ja bei den Schrecken des Orkus, bei dem heiligen Mond, bei allen sonstigen Sternen und Planeten, die künftige Nacht scheinen werden, wenn der Himmel heiter, schwöre ich dir's, daß ich dich liebe!« – »Ich dich auch«, lispelte die Kleine und neigte in süßer Verschämtheit das Haupt mir zu. Ich wollte sie voll Inbrunst umpfoten, da sprangen aber mit teuflischem Geknurre zwei riesige Kater auf mich los, zerbissen, zerkratzten mich kläglich und wälzten mich zum Überfluß noch in die Gosse, so daß das schmutzige Spülwasser über mich zusammenschlug. Kaum konnt' ich mich aus den Krallen der mordlustigen Bestien retten, die meinen Stand nicht achteten, mit vollem Angstgeschrei lief ich die Treppe herauf.

Als der Meister mich erblickte, rief er, laut lachend: »Murr, Murr, wie siehst du aus? Ha, ha! ich merke schon, was geschehen, du hast Streiche machen wollen, wie 'der im Irrgarten der Liebe herumtaumelnde Kavalier', und dabei ist's dir übel ergangen!« – Und dabei brach der Meister zu meinem nicht geringen Verdruß aufs neue aus in ein schallendes Gelächter. Der Meister hatte ein Gefäß mit lauwarmem Wasser füllen lassen, darein stülpte er mich ohne Umstände einigemal ein, so daß mir vor Niesen und Prusten Hören und Sehen verging, wickelte mich dann fest in Flanell ein und legte mich in meinen Korb. Ich war beinahe besinnungslos vor Wut und Schmerz, ich vermochte kein Glied zu rühren. Endlich wirkte die Wärme wohltätig auf mich, ich fühlte meine Gedanken sich ordnen. »Ha«, klagte ich, »welch neue bittere Täuschung des Lebens! – Das ist also die Liebe, die ich schon so herrlich besungen, die das Höchste sein, die uns mit namenloser Wonne erfüllen, die uns in den Himmel tragen soll! – Ha! – mich hat sie in die Gosse geworfen! – ich entsage einem Gefühl, das mir nichts eingebracht als Bisse, ein abscheuliches Bad und niederträchtige Einmummung in schnödem Flanell!« – Aber kaum war ich wieder in Freiheit und genesen, als aufs neue Miesmies mir unaufhörlich vor Augen stand und ich, jener ausgestandenen Schmach wohl eingedenk, zu meinem Entsetzen gewahrte, daß ich noch in Liebe.

Eines Tages hört' ich den Meister, da er zum Zimmer herausgetreten, auf dem Flur zu jemandem sagen: »Mag es sein, meinetwegen, vielleicht heitert ihn Gesellschaft auf. Aber macht ihr mir dumme Streiche, springt ihr mir auf die Tische, schmeißt ihr mir das Tintenfaß um oder sonst was herab, so werf' ich euch alle beide zum Tempel heraus.« Darauf öffnete der Meister die Türe ein wenig und ließ jemanden herein. Dieser Jemand war aber kein anderer als Freund Muzius. Beinahe hätte ich ihn nicht wiedererkannt. Seine Haare, sonst glatt und glänzend, waren struppig und unscheinbar, die Augen lagen ihm tief im Kopf, und sein sonst zwar etwas rauhes, aber doch ganz leidliches Wesen hatte etwas Übermütiges, Brutales angenommen. »Na«, prustete er mich an, »na, findet man Euch einmal! Muß man Euch aufsuchen hinter Euerm verfluchten Ofen? – Doch mit Verlaub!« Er trat an den Teller und verzehrte die Backfische, die ich mir aufgespart hatte zum Abendbrot. »Sagt«, sprach er dazwischen, »sagt mir nur ins

Teufels Namen, wo Ihr steckt, warum Ihr auf kein Dach mehr kommt. Euch nirgends mehr sehen laßt, wo es munter hergeht?«

Ich erklärte, daß, nachdem ich die Liebe zur holden Miesmies aufgegeben, mich die Wissenschaften ganz und gar beschäftigt hätten, weshalb denn an Spaziergänge nicht zu denken gewesen wäre. Nicht im mindesten sehne ich mich nach Gesellschaft, da ich bei dem Meister alles hätte, was mein Herz nur wünschen könne, Milchbrei, Fleisch, Fische, ein weiches Lager u.s.w. Ein ruhiges sorgenfreies Leben, das sei für einen Kater von meinen Neigungen und Anlagen das ersprießlichste Gut, und um so mehr müßt' ich fürchten, daß dies, ginge ich aus, verstört werden könne, da, wie ich leider wahrgenommen, meine Inklination zur kleinen Miesmies noch nicht ganz erloschen und ihr Wiedersehen mich leicht zu Übereilungen hinreißen dürfte, die ich nachher vielleicht sehr schwer zu bereuen haben würde. »Ihr könnt mir nachher noch einen Backfisch aufwixen!« So sprach Muzius, putzte sich mit gekrümmter Pfote nur ganz obenhin Maul, Bart und Ohren und nahm den Platz dicht neben mir auf dem Polster. »Rechnet«, begann Muzius, nachdem er zum Zeichen seiner Zufriedenheit ein paar Sekunden gesponnen, mit sanfter Stimme und Gebärde, »rechnet es Euch, mein guter Bruder Murr, für ein Glück an, daß ich auf den Einfall geriet, Euch zu besuchen in Eurer Klause, und daß der Meister mich zu Euch ließ ohne Widerrede. Ihr seid in der größten Gefahr, in die ein tüchtiger junger Kerl von Kater, der Grütz' im Kopfe hat und Stärke in den Gliedern, nur geraten kann. Das heißt, Ihr seid in der Gefahr, ein arger abscheulicher Philister zu werden.«

Es genügt zu sagen, daß ich nun manche Zeit hindurch ein frisches frohes Burschenleben führte auf den Dächern ringsumher, in Kompanie mit Muzius und andern kreuzbraven, biderben fidelen Jungen, weißen, gelben und bunten.

* * *

Ich schwor, niemals mehr das Dach zu besuchen, wo ich große Unbill erlebt zu haben glaubte. Statt dessen sprang ich nun fleißig auf die Fensterbank, sonnte mich, schaute, um mich zu zerstreuen, auf die Straße hinab, stellte allerlei tiefsinnige Betrachtungen an und verband so das Angenehme mit dem Nützlichen.

Ein Gegenstand dieser Betrachtungen war denn auch, warum es mir noch niemals eingefallen, mich aus eignem freien Antriebe vor die Haustüre zu setzen oder auf der Straße zu lustwandeln, wie ich es doch viele von meinem Geschlecht tun sah, ohne alle Furcht und Scheu. Ich stellte mir das als etwas höchst Angenehmes vor und war überzeugt, daß nun, da ich zu reiferen Monaten gekommen und Lebensfahrung genug gesammelt, von jenen Gefahren, in die ich geriet, als das Schicksal mich, einen unmündigen Jüngling, hinausschleuderte in die Welt, nicht mehr die Rede sein könne. Getrost wandelte ich daher die Treppe herab und setzte mich fürs erste auf die Türschwelle in den hellsten Sonnenschein. Daß ich eine Stellung annahm, die jedem auf den ersten Blick den gebildeten, wohlerzogenen Kater verraten mußte, versteht sich von selbst. Es gefiel mir vor der Haustüre ganz ungemein. Indem die heißen Sonnenstrahlen meinen Pelz wohltätig auswärmten, putzte ich mit gekrümmter Pfote zierlich Schnauze und Bart, worüber mir ein paar vorübergehende junge Mädchen, die den großen, mit Schlössern versehenen Mappen nach, die sie trugen, aus der Schule kommen mußten, nicht allein ihr großes Vergnügen bezeugten, sondern mir auch ein Stückchen Weißbrot verehrten, welches ich nach gewohnter Galanterie dankbarlichst annahm. –

E. T. A. HOFFMANN

60

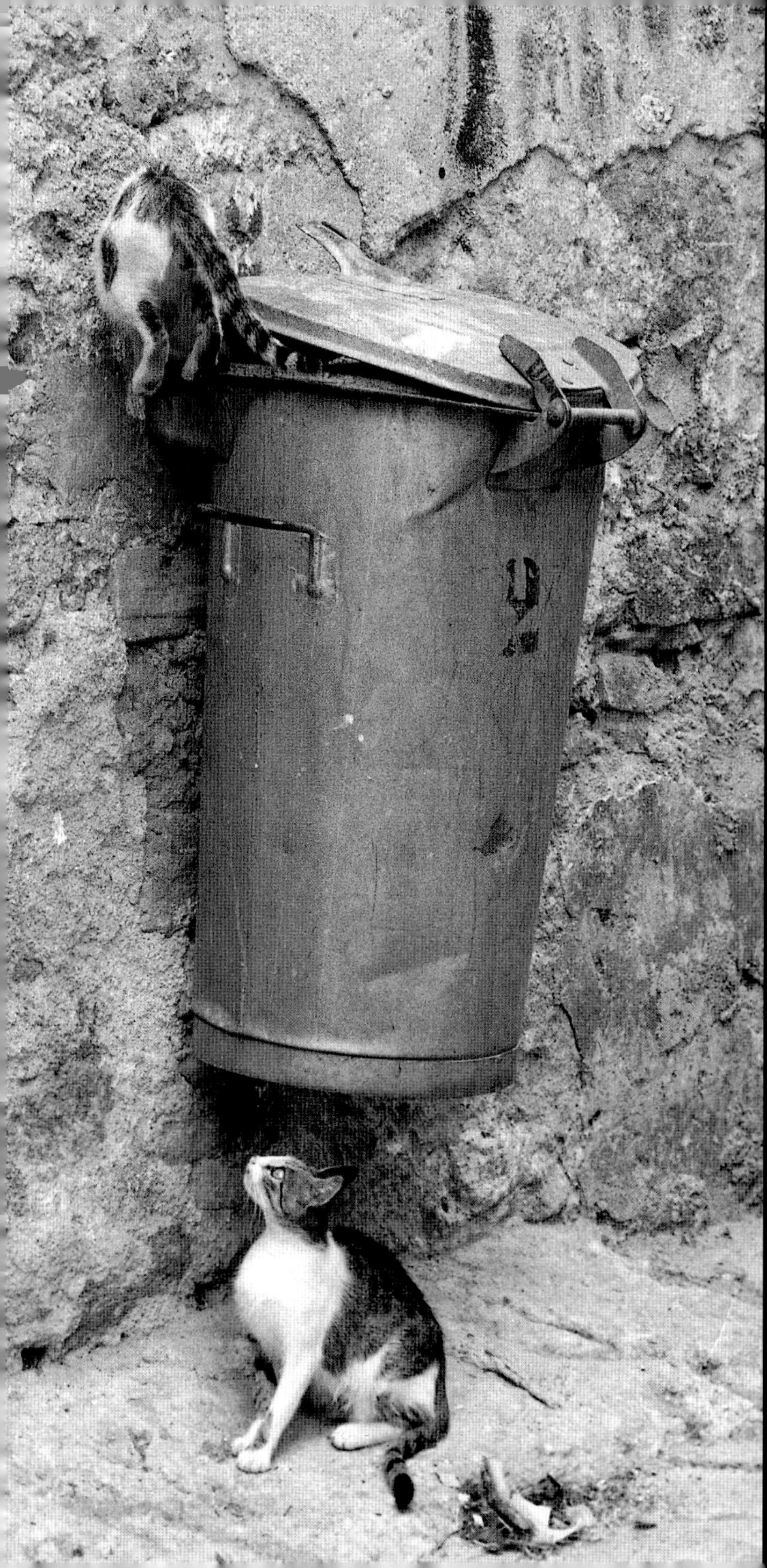

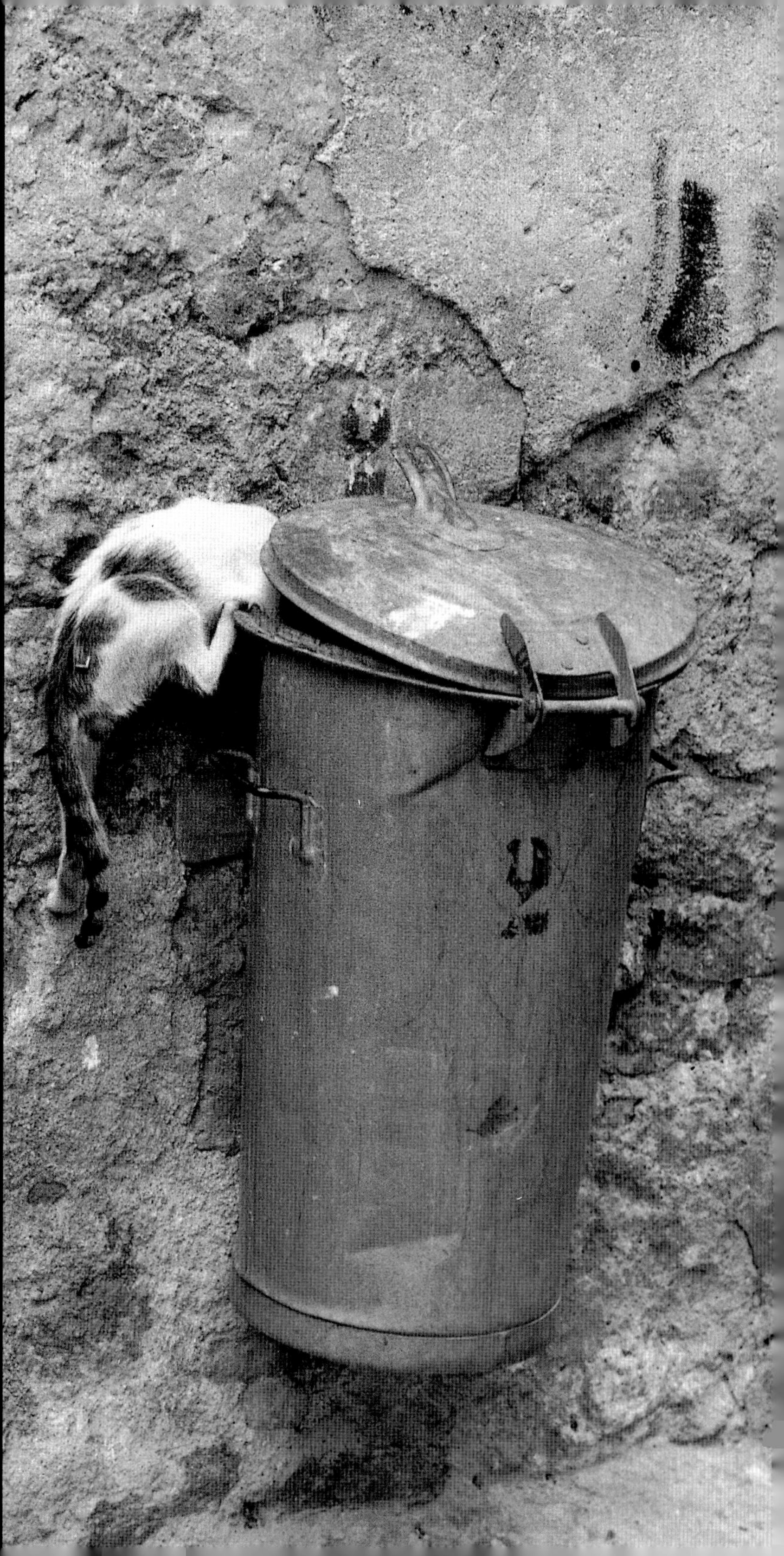

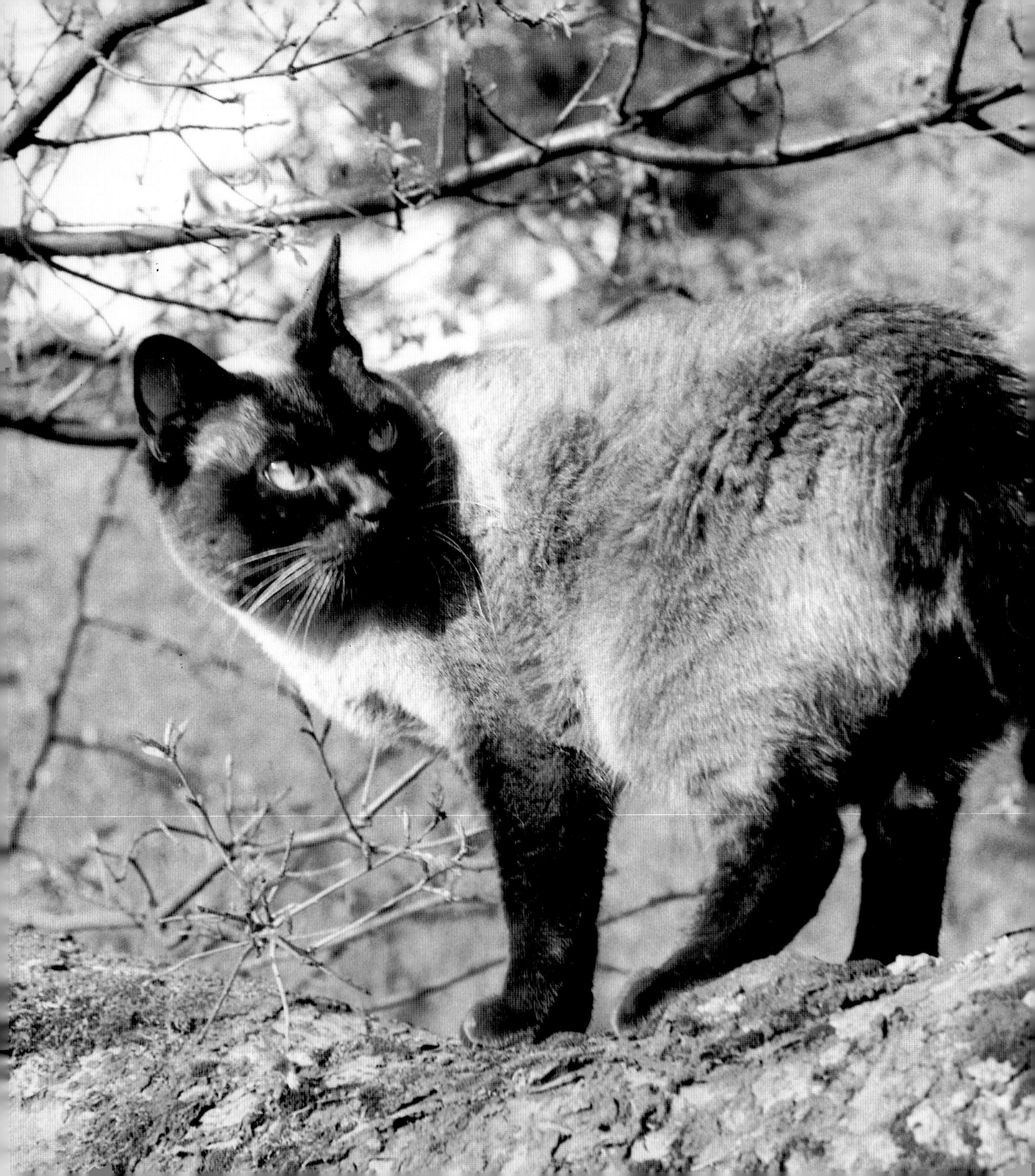

Zornig richtet' er empor sich,
Zornig krümmt' er seinen Buckel
Und erhob ein grauenhaftes
Ohrzerreißendes Miauen.

Keiner soll den Tag vergessen!
Zur Erinnrung soll der Kater
Hiddigeigei eine echte
Italien'sche Rauchwurst fressen.

JOSEPH VIKTOR VON SCHEFFEL

*Hiddigeigei hält durch strengen
Wandel rein sich das Gewissen,
Doch er drückt ein Auge zu, wenn
Sich die Nebenkatzen küssen.*

JOSEPH VIKTOR VON SCHEFFEL

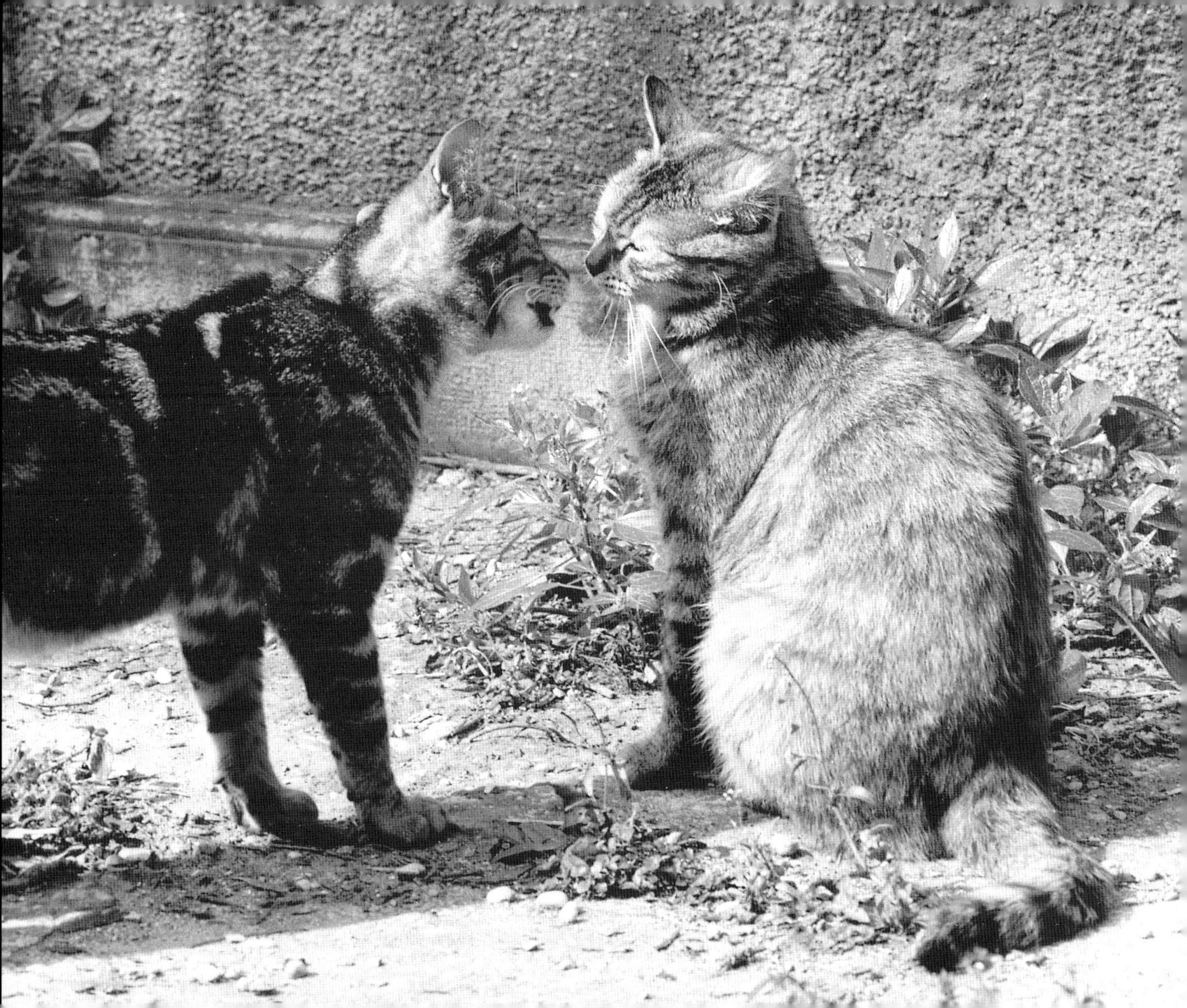

Der gestiefelte Kater

Hinze *(der Kater richtet sich auf, dehnt sich, macht einen hohen Buckel, gähnt und spricht dann):*
– Mein lieber Gottlieb – ich habe ein ordentliches Mitleid mit Euch.

Gottlieb *(erstaunt)*: Wie, mein Kater, du sprichst? –

Hinze: Warum soll ich nicht sprechen können, Gottlieb?

Gottlieb: Ich hätt' es nicht vermutet, ich habe zeitlebens noch keine Katze sprechen hören.

Hinze: Ihr meint, weil wir nicht immer in alles mitreden, wären wir gar Hunde.

Gottlieb: Ich denke, ihr seid bloß dazu da, Mäuse zu fangen?

Hinze: Wenn wir nicht im Umgang mit den Menschen eine gewisse Verachtung gegen die Sprache bekämen, so könnten wir alle sprechen.

Gottlieb: Nun das gesteh' ich! – Aber warum laßt ihr euch denn so gar nichts merken?

Hinze: Um uns keine Verantwortungen zuzuziehen, denn wenn uns sogenannten Tieren noch erst die Sprache angeprügelt würde, so wäre gar keine Freude mehr auf der Welt. Was muß der Hund nicht alles tun und lernen! Das Pferd! es sind dumme Tiere, daß sie sich ihren Verstand merken lassen, sie müssen ihrer Eitelkeit durchaus nachgeben, wir Katzen sind noch immer das freieste Geschlecht, weil wir uns bei aller unsrer Geschicklichkeit so ungeschickt anzustellen wissen, daß es der Mensch ganz aufgibt, uns zu erziehen.

Gottlieb: Aber warum entdeckst du mir das alles?

Hinze: Weil Ihr ein guter, ein edler Mann seid, einer von den wenigen, die keinen Gefallen an Dienstbarkeit und Sklaverei finden, seht, darum entdecke ich mich Euch ganz und gar.

Gottlieb *(reicht ihm die Hand)*: Braver Freund!

Hinze: Die Menschen stehen in dem Irrtume, daß an uns jenes instinktmäßige Murren, das aus einem gewissen Wohlbehagen entsteht, das einzige Merkwürdige sei, sie streicheln uns daher oft auf eine ungeschickte Weise, und wir spinnen dann gewöhnlich nur, um uns vor Schlägen zu sichern. Wüßten sie aber mit uns auf die wahre Art umzugehen, glaube mir, sie würden unsre gute Natur allem gewöhnen –

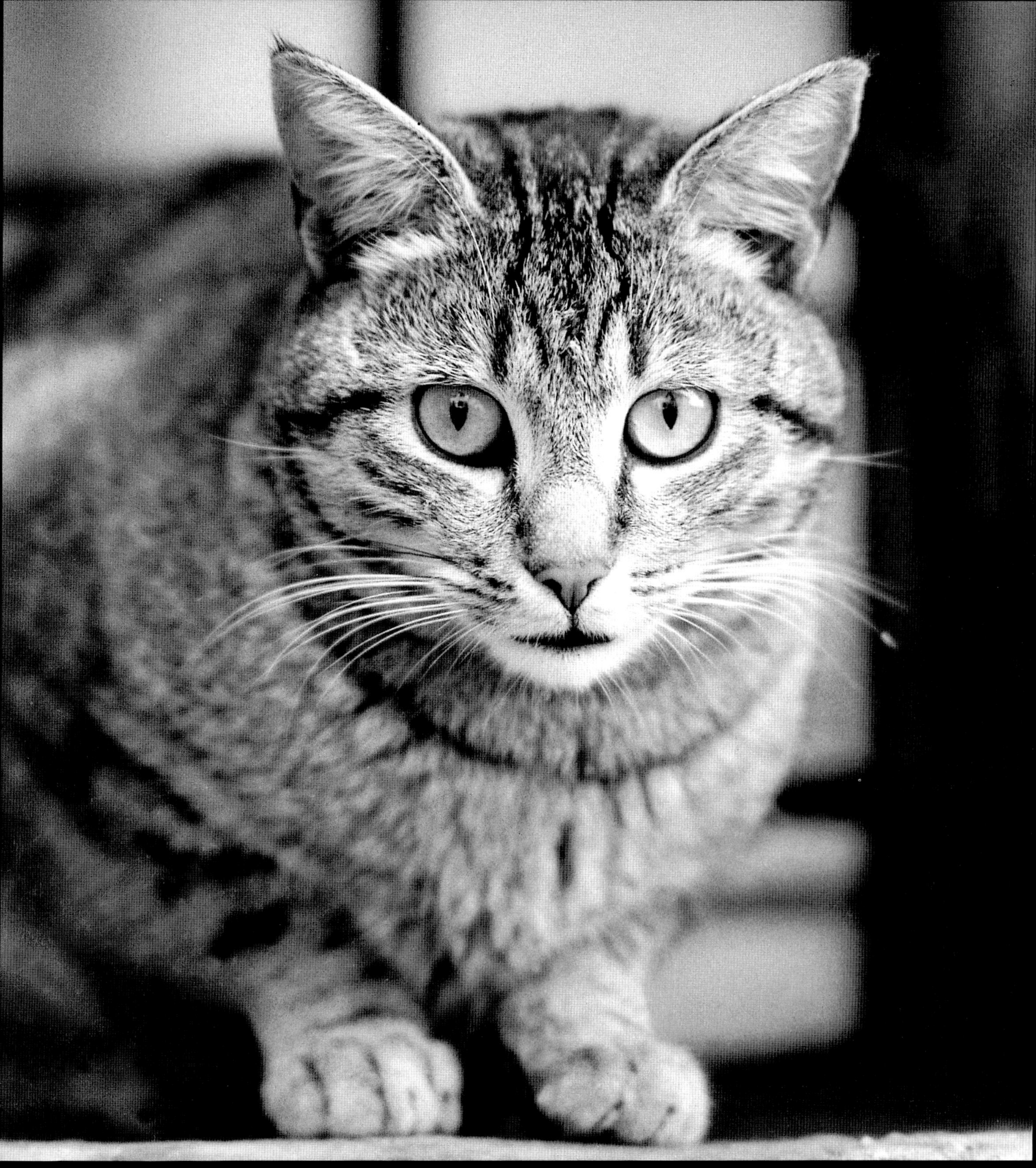

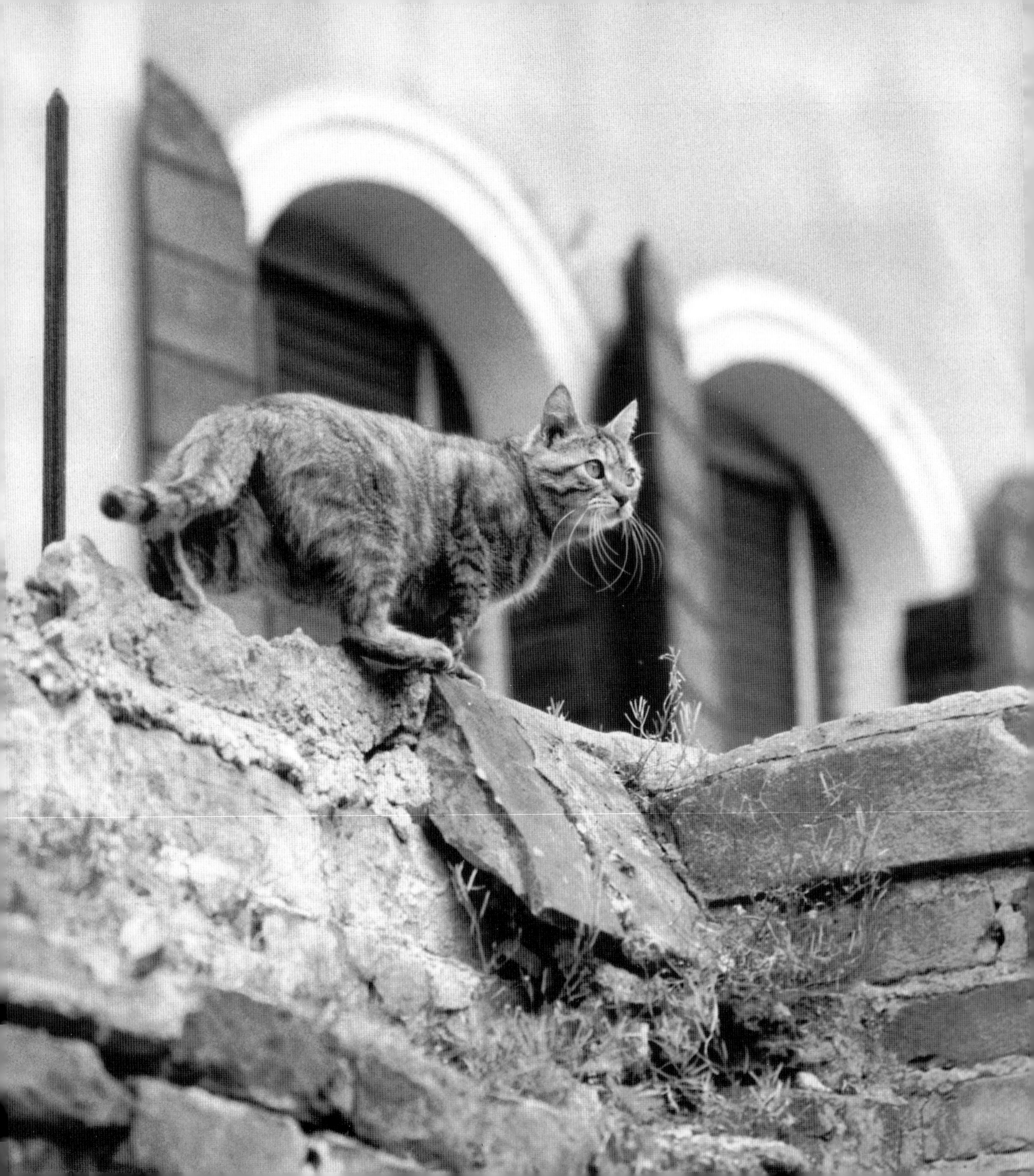

Mimi

Bin kein sittsam Bürgerkätzchen,
Nicht im frommen Stübchen spinn ich.
Auf dem Dach, in freier Luft,
Eine freie Katze bin ich.

Wenn ich sommernächtlich schwärme,
Auf dem Dache, in der Kühle,
Schnurrt und knurrt in mir Musik
Und ich singe, was ich fühle.

Also spricht sie. Aus dem Busen
Wilde Brautgesänge quellen,
Und der Wohllaut lockt herbei
Alle Katerjunggesellen.

Wunderbare Macht der Töne!
Zauberklänge sondergleichen!
Sie erschüttern selbst den Himmel,
Und die Sterne dort erbleichen.

HEINRICH HEINE

Wenn im Tal und auf den Bergen
Mitternächtig heult der Sturm,
Klettert über First und Schornstein
Hiddigeigei auf zum Turm.

Einem Geist gleich steht er oben,
Schöner, als er jemals war.
Feuer sprühen seine Augen,
Feuer sein gesträubtes Haar.

Und er singt in wilden Weisen,
Singt ein altes Katerschlachtlied,
Das wie fern Gewitterrollen
Durch die sturmdurchbrauste Nacht zieht.

Nimmer hören ihn die Menschen.
Jeder schläft in seinem Haus,
Aber tief im Kelleloche
Hört erblassend ihn die Maus.

Und sie kennt des Alten Stimme,
Und sie zittert, und sie weiß:
Fürchterlich in seinem Grimme
Ist der Katerheldengreis.

JOSEPH VIKTOR VON SCHEFFEL

*U*nd die Katzenaugen sehen,
Und die Katzenseele lacht,
Wie das Völklein der Pygmäen
Unten dumme Sachen macht.

Menschentum ist ein Verkehrtes,
Menschentum ist Ach und Krach;
Im Bewußtsein seines Wertes
Sitzt der Kater auf dem Dach! –

Joseph Viktor von Scheffel

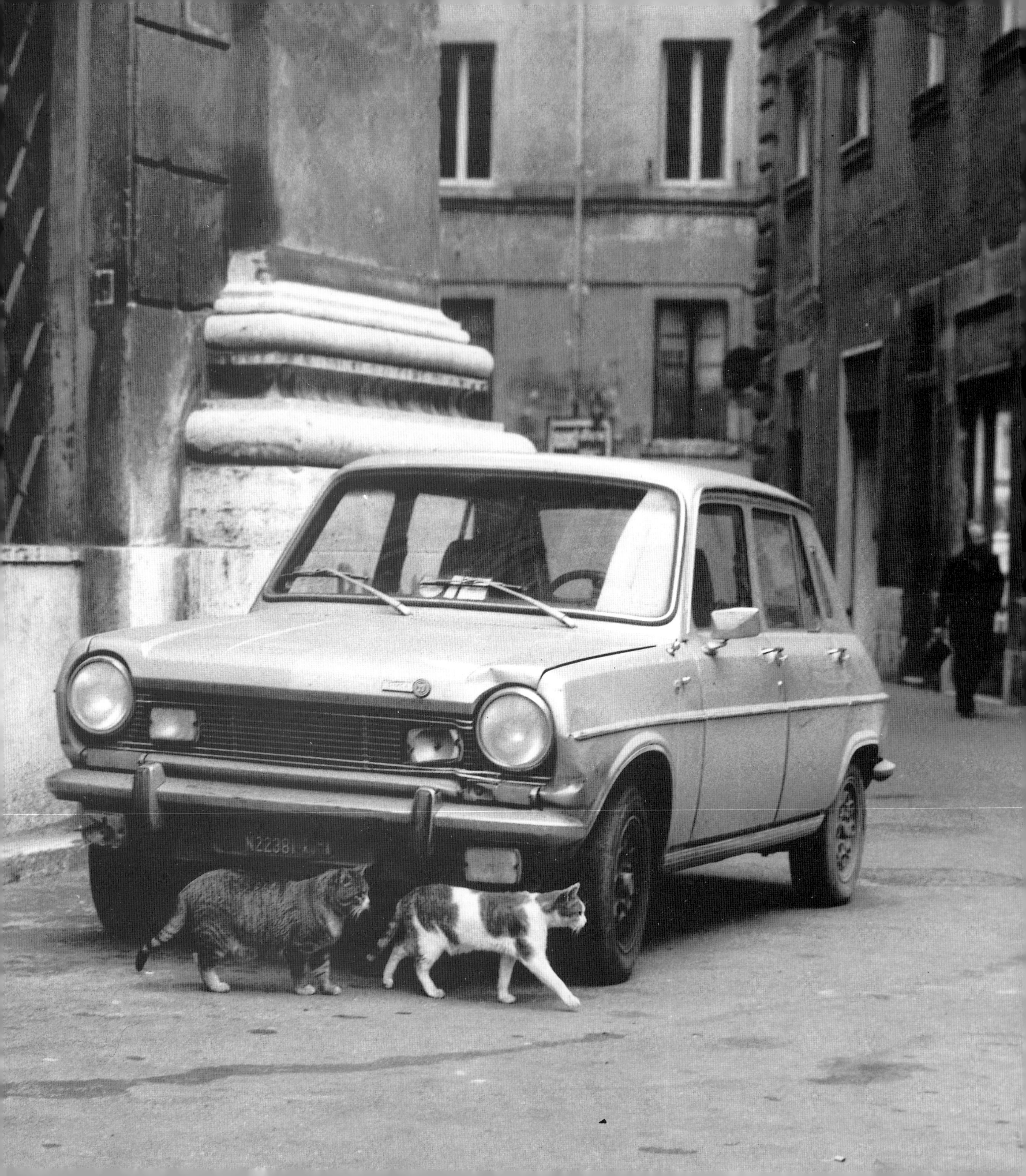

$\mathcal{A}$uch Hiddigeigei
      hat erst spät erkannt,
Daß die Liebste
      ihn schändlich betrogen,
Daß mit einem
      ganz erbärmlichen Fant
Sie verbotenen
      Umgang gepflogen.

Da ward Hiddigeigei
      entsetzlich belehrt,
Da ließ er das Schwärmen
      und Schmachten,
Da ward er trotzig
      in sich gekehrt,
Da lernt' er
      die Welt verachten.

                JOSEPH VIKTOR VON SCHEFFEL

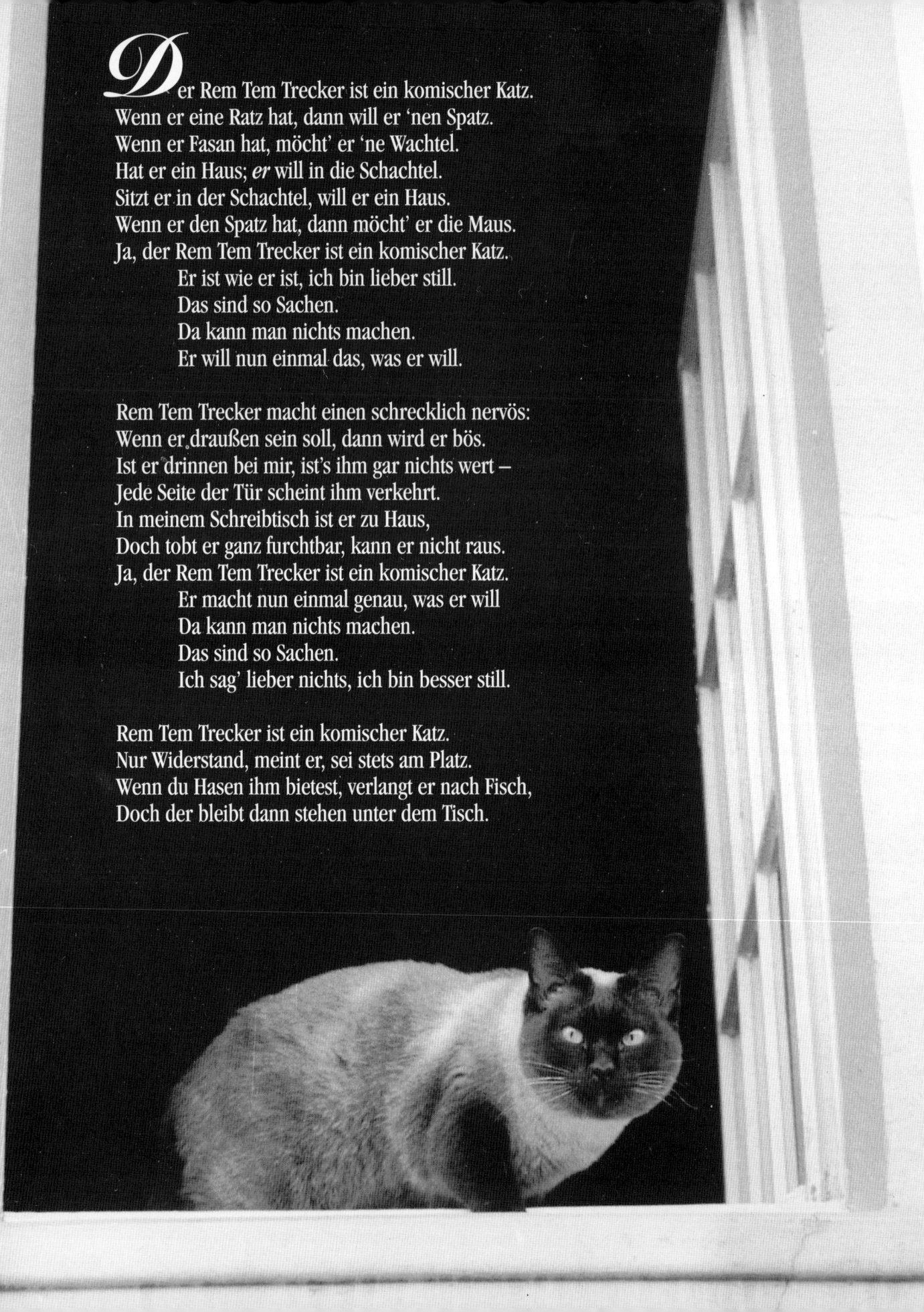

Der Rem Tem Trecker ist ein komischer Katz.
Wenn er eine Ratz hat, dann will er 'nen Spatz.
Wenn er Fasan hat, möcht' er 'ne Wachtel.
Hat er ein Haus; *er* will in die Schachtel.
Sitzt er in der Schachtel, will er ein Haus.
Wenn er den Spatz hat, dann möcht' er die Maus.
Ja, der Rem Tem Trecker ist ein komischer Katz.
    Er ist wie er ist, ich bin lieber still.
    Das sind so Sachen.
    Da kann man nichts machen.
    Er will nun einmal das, was er will.

Rem Tem Trecker macht einen schrecklich nervös:
Wenn er draußen sein soll, dann wird er bös.
Ist er drinnen bei mir, ist's ihm gar nichts wert –
Jede Seite der Tür scheint ihm verkehrt.
In meinem Schreibtisch ist er zu Haus,
Doch tobt er ganz furchtbar, kann er nicht raus.
Ja, der Rem Tem Trecker ist ein komischer Katz.
    Er macht nun einmal genau, was er will
    Da kann man nichts machen.
    Das sind so Sachen.
    Ich sag' lieber nichts, ich bin besser still.

Rem Tem Trecker ist ein komischer Katz.
Nur Widerstand, meint er, sei stets am Platz.
Wenn du Hasen ihm bietest, verlangt er nach Fisch,
Doch der bleibt dann stehen unter dem Tisch.

Wenn du Sahne ihm gibst, ist's *ein* Sträuben und Strauben.
Nur was er selbst findet, an das kann er glauben.
Doch stellst du sie weg, aufs Bord seithin,
Steckt sein Köpfchen bis über die Ohren drin.
Rem Tem ist aufs Durcheinander erpicht,
Er liebt Kosen und zärtliches Kraulen nicht –
Doch nähst oder schreibst du: mit einem Satz
Macht er deinen Schoß zu seinem Platz.
Ja, der Rem Tem Trecker liegt mir im Magen.
  Was soll ich noch mehr erzählen und sagen.
  Da kann man nichts machen.
  Das sind so Sachen.
  Da schweig' ich lieber. Will nicht mehr klagen.

THOMAS STEARNS ELIOT

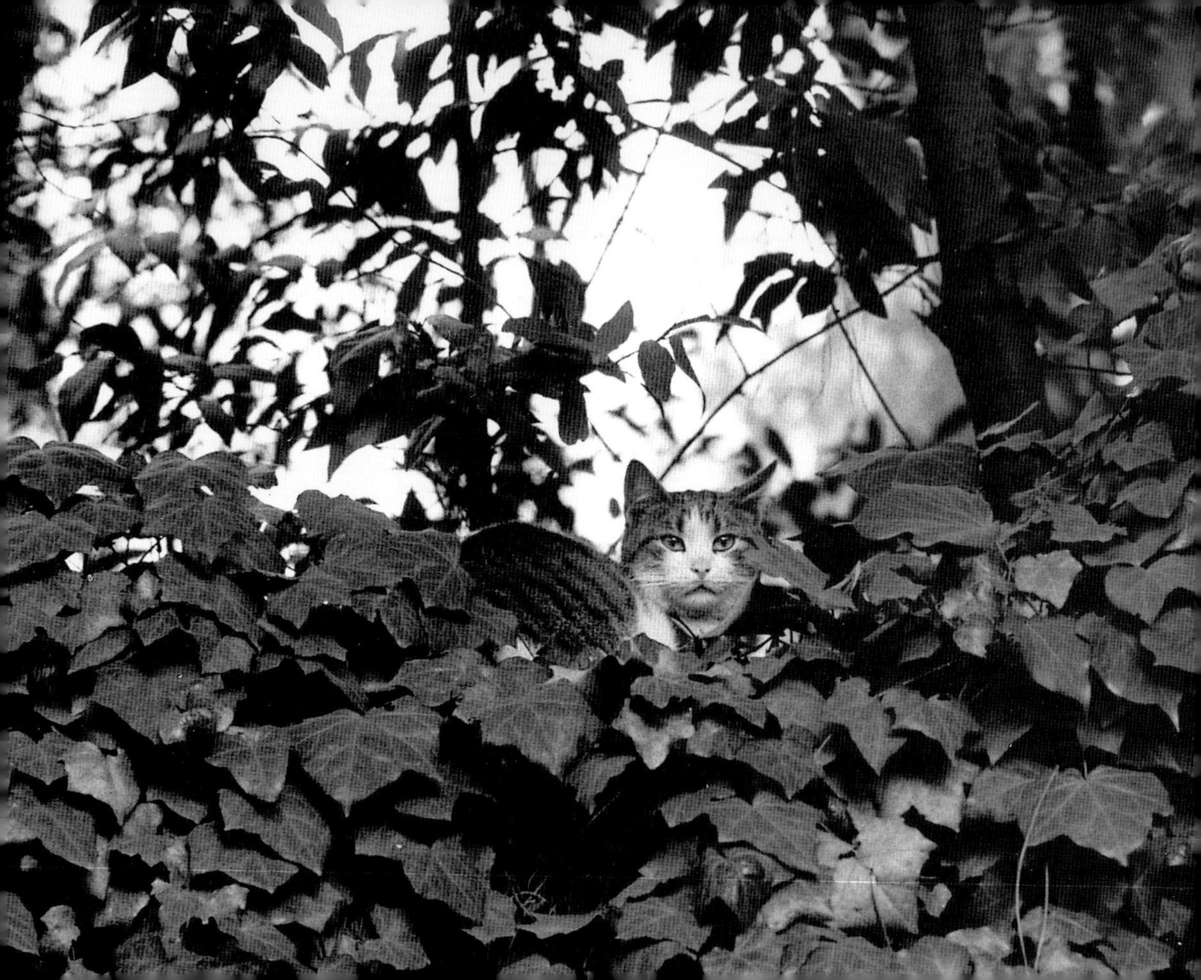

Die Katzen 'Weißling' und 'Sauberschwarz'
gratulieren zum Geburtstag anno 1866

Heut' in der Frühe weckten
Wir zweie uns und leckten
Die Pelze um und um,
Mit schönen Reverenzen
Dich freundlich zu umschwänzen;
Das ganze Haus weiß ja, warum.

EDUARD MÖRIKE

Ich weiß wohl, daß, wenn ich Einen ernsthaft versicherte, die Katze, welche eben jetzt auf dem Hofe spielt, sei noch die selbe, welche dort vor dreihundert Jahren die nämlichen Sprünge und Schliche gemacht hat, er mich für toll halten würde: aber ich weiß auch, daß es sehr viel toller ist, zu glauben, die heutige Katze sei durch und durch und von Grund aus eine ganz andere, als jene vor dreihundert Jahren. – Man braucht sich nur treu und ernst in den Anblick eines dieser obern Wirbelthiere zu vertiefen, um deutlich inne zu werden, daß dieses unergründliche Wesen, wie es da ist, im Ganzen genommen, unmöglich zu Nichts werden kann: und doch kennt man andererseits seine Vergänglichkeit.

ARTHUR SCHOPENHAUER

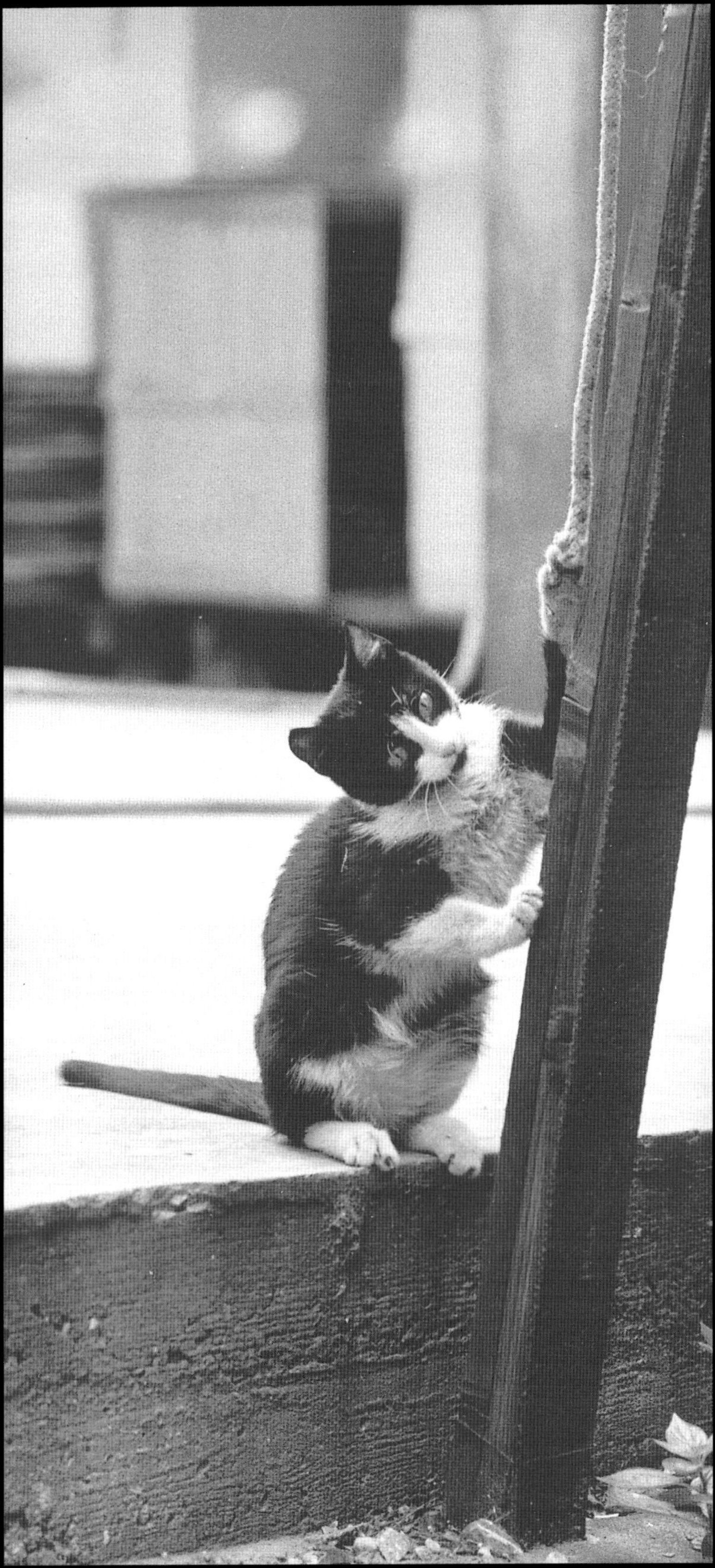
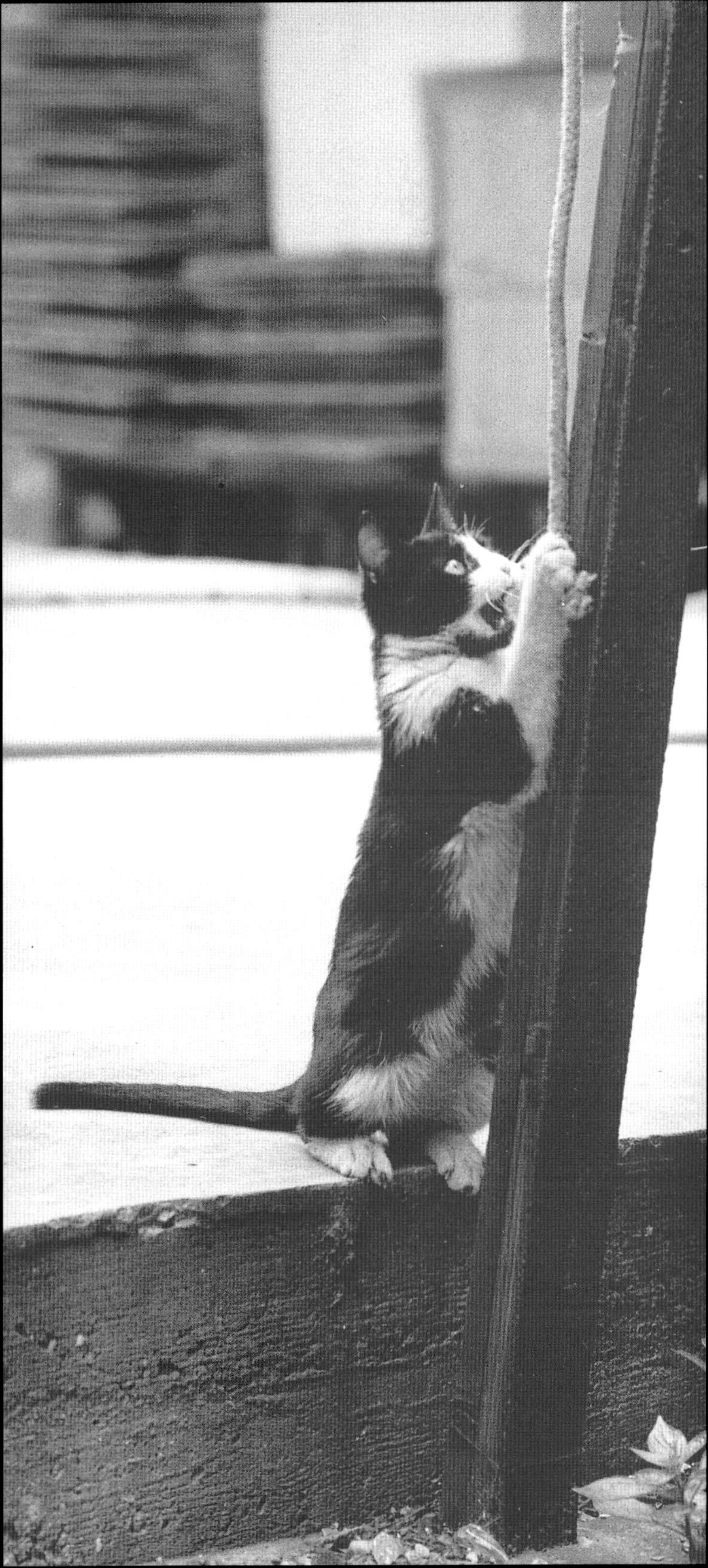

Spiegel, das Kätzchen

Spiegel, so war der Name des Kätzchens wegen seines glatten und glänzenden Pelzes, lebte so seine Tage heiter, zierlich und beschaulich dahin, in anständiger Wohlhabenheit und ohne Überhebung. Er saß nicht zu oft auf der Schulter seiner freundlichen Gebieterin, um ihr die Bissen von der Gabel wegzufangen, sondern nur, wenn er merkte, daß ihr dieser Spaß angenehm war; auch lag und schlief er den Tag über selten auf seinem warmen Kissen hinter dem Ofen, sondern hielt sich munter und liebte es eher, auf einem schmalen Treppengeländer oder in der Dachrinne zu liegen und sich philosophischen Betrachtungen und der Beobachtung der Welt zu überlassen. Nur jeden Frühling und Herbst einmal wurde dies ruhige Leben eine Woche lang unterbrochen, wenn die Veilchen blühten oder die milde Wärme des Alteweibersommers die Veilchenzeit nachäffte. Alsdann ging Spiegel seine eigenen Wege, streifte in verliebter Begeisterung über die fernsten Dächer und sang die allerschönsten Lieder. Als ein rechter Don Juan bestand er bei Tag und Nacht die bedenklichen Abenteuer, und wenn er sich zur Seltenheit einmal im Hause sehen ließ, so erschien er mit einem so verwegenen, burschikosen, ja liederlichen und zerzausten Aussehen, daß die stille Person, seine Gebieterin, fast unwillig ausrief: »Aber Spiegel! Schämst du dich denn nicht, ein solches Leben zu führen?« Wer sich aber nicht schämte, war Spiegel: als ein Mann von Grundsätzen, der wohl wußte, was er sich zur wohltätigen Abwechslung erlauben durfte, beschäftigte er sich ganz ruhig damit, die Glätte seines Pelzes und die unschuldige Munterkeit seines Aussehens wieder herzustellen, und er fuhr sich so unbefangen mit dem feuchten Pfötchen über die Nase, als ob gar nichts geschehen wäre. Allein dies gleichmäßige Leben nahm plötzlich ein trauriges Ende. Als das Kätzchen Spiegel eben in der Blüte seiner Jahre stand, starb die Herrin unversehens an Altersschwäche und ließ das schöne Kätzchen herrenlos und verwaist zurück. Es war das erste Unglück, welches ihm widerfuhr, und mit jenen Klagetönen, welche so schneidend den bangen Zweifel an der wirklichen und rechtmäßigen Ursache eines großen Schmerzes ausdrücken, begleitete es die Leiche bis auf die Straße und strich den ganzen übrigen Tag ratlos im Hause und rings um dasselbe her. Doch seine Vernunft und Philosophie geboten ihm bald, sich zu fassen, das Unabänderliche zu tragen und seine dankbare Anhänglichkeit an das Haus seiner toten Gebieterin dadurch zu beweisen, daß er ihren lachenden Erben seine Dienste anbot und sich bereitmachte, denselben mit Rat und Tat beizustehen, die Mäuse ferner im Zaume zu halten und überdies ihnen manche gute Mitteilung zu machen, welche die Törichten nicht verschmäht hätten, wenn sie eben nicht unvernünftige Menschen gewesen wären. Aber diese Leute ließen Spiegel gar nicht zu Worte kommen, sondern warfen ihm die Pantoffeln und das artige Fußschemelchen der Seligen an den Kopf, so oft er sich blicken ließ, zankten sich acht Tage lang untereinander, begannen endlich einen Prozeß und schlossen das Haus bis auf weiteres zu, so daß nun gar niemand darin wohnte.

Da saß der arme Spiegel traurig und verlassen auf der steinernen Stufe vor der Haustüre und hatte niemand, der ihn hineinließ. Des Nachts begab er sich wohl auf Umwegen unter das Dach des Hauses, und im Anfang hielt er sich einen großen Teil des Tages dort verborgen und suchte seinen Kummer zu verschlafen; doch der Hunger trieb ihn bald an das Licht und nötigte ihn, an der warmen Sonne und unter den Leuten zu erscheinen, um bei der Hand zu sein und zu gewärtigen, wo sich etwa ein Maul voll geringer Nahrung zeigen möchte. Je seltener dies geschah, desto aufmerksamer wurde der gute Spiegel, und alle seine moralischen Eigenschaften gingen in dieser Aufmerksamkeit auf, so daß er sehr bald sich selber nicht mehr gleichsah. Er machte zahlreiche Ausflüge von seiner Haustüre aus und stahl sich scheu und flüchtig über die Straße, um manchmal mit einem schlechten, unappetitlichen Bissen, dergleichen er früher nie angesehen, manchmal mit gar nichts zurückzukehren. Er wurde von Tag zu Tag magerer und zerzauster, dabei gierig, kriechend und feig: all sein Mut, seine zierliche Katzenwürde, seine Vernunft und Philosophie waren dahin. Wenn die Buben aus der Schule kamen, so kroch er in einen verborgenen Winkel, sobald er sie kommen hörte, und guckte nur hervor, um aufzupassen, welcher von ihnen etwa eine Brotrinde wegwürfe, und merkte sich den Ort, wo sie hinfiel. Wenn der schlechteste Köter von weitem ankam, so sprang er hastig fort, während er früher gelassen der Gefahr ins Auge geschaut und böse Hunde oft tapfer gezüchtigt hatte. Nur wenn ein grober und einfältiger Mensch daherkam, dergleichen er sonst klüglich gemieden, blieb er sitzen, obgleich das arme Kätzchen mit dem Rest seiner Menschenkenntnis den Lümmel recht gut erkannte: allein die Not zwang Spiegelchen, sich zu täuschen und zu hoffen, daß der Schlimme ausnahmsweise einmal es freundlich streicheln und ihm einen Bissen darreichen werde. Und selbst wenn er statt dessen nun doch geschlagen oder in den Schwanz gekneift wurde, so kratzte er nicht, sondern duckte sich lautlos zur Seite und sah dann noch verlangend nach der Hand, die ihn geschlagen und gekneift, und welche nach Wurst oder Hering roch. – –

GOTTFRIED KELLER

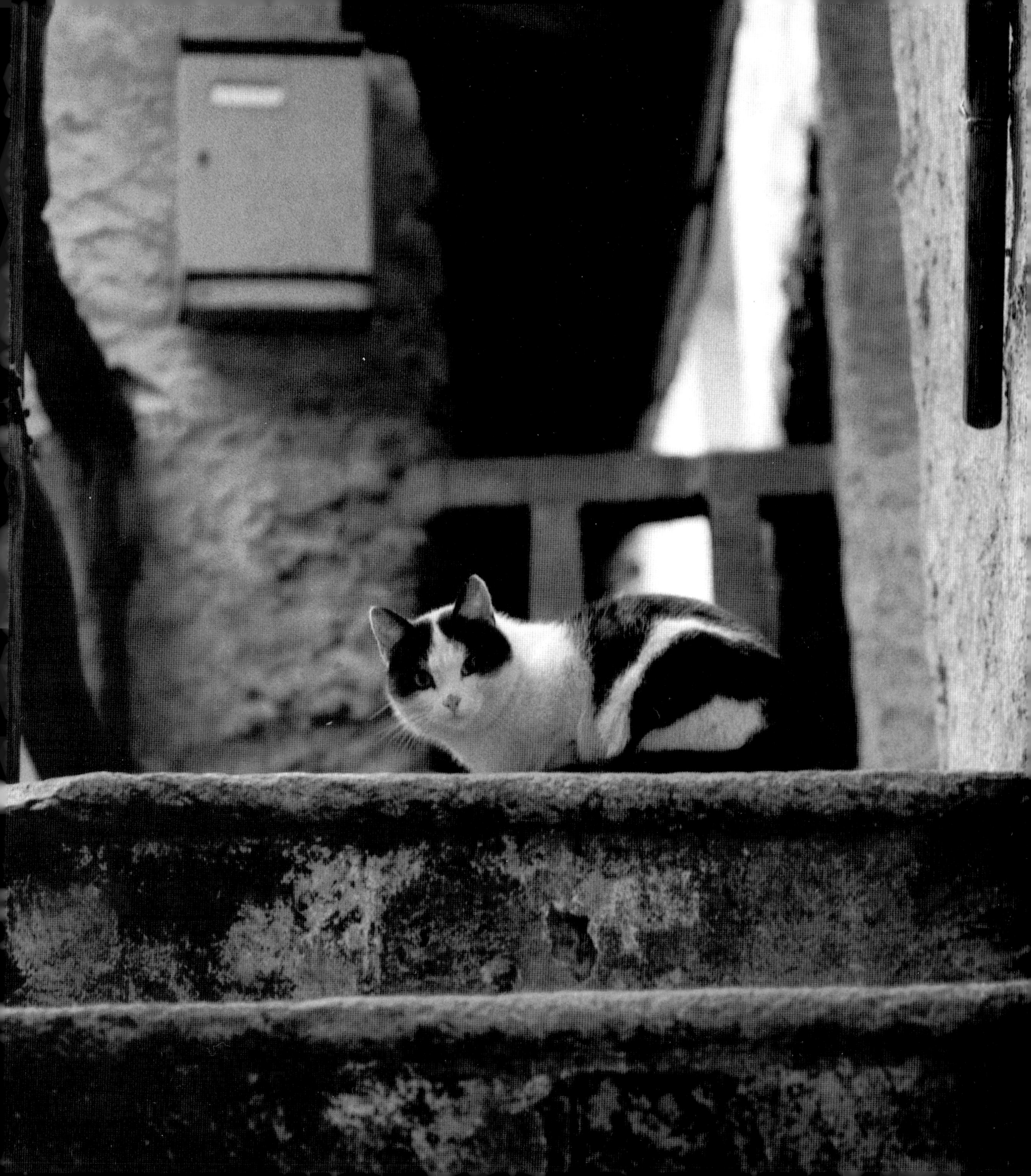

*W*er die Katze ins Wasser trägt,
der trägt sein Glück aus dem Hause.

SPRICHWORT

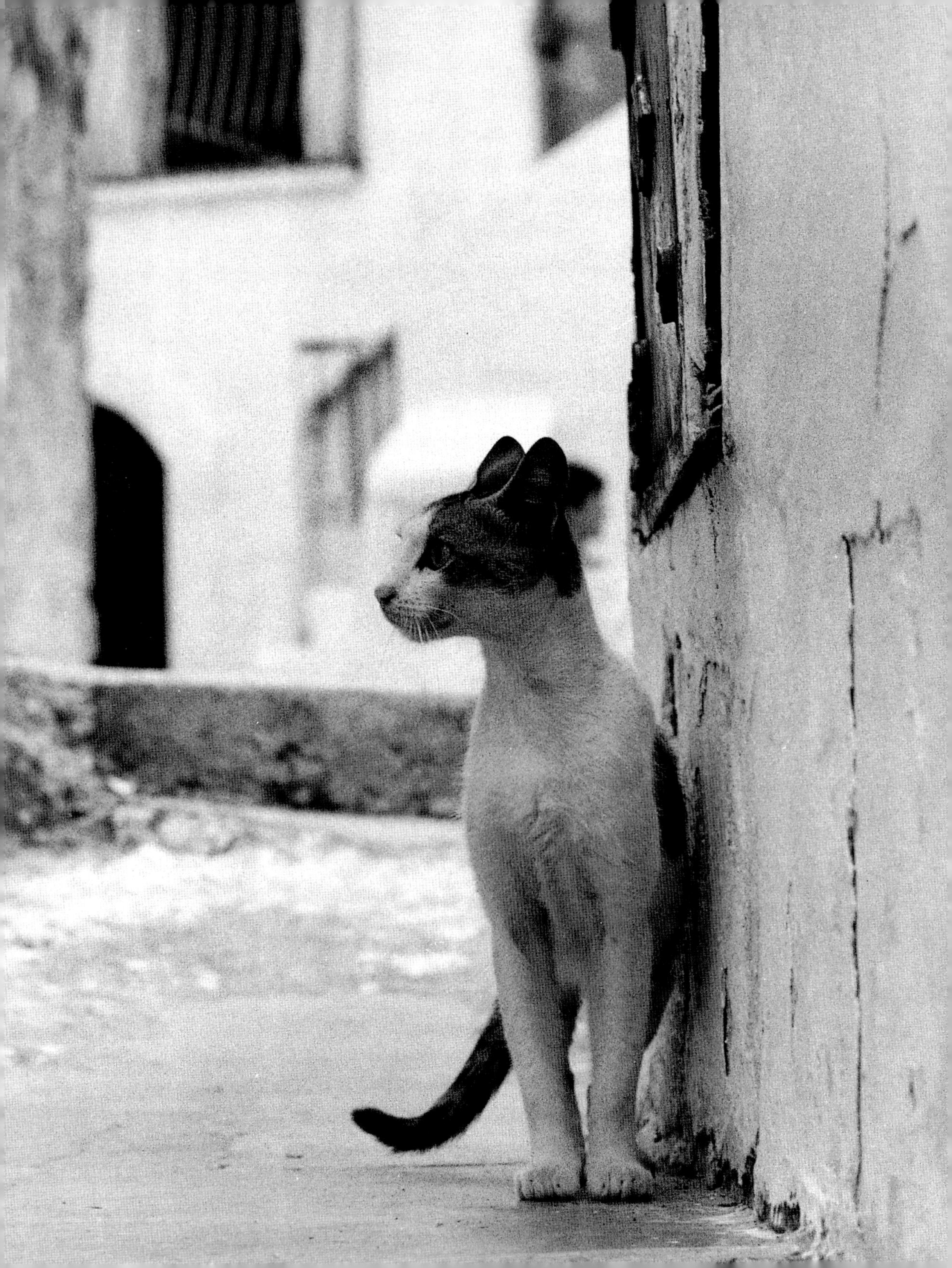

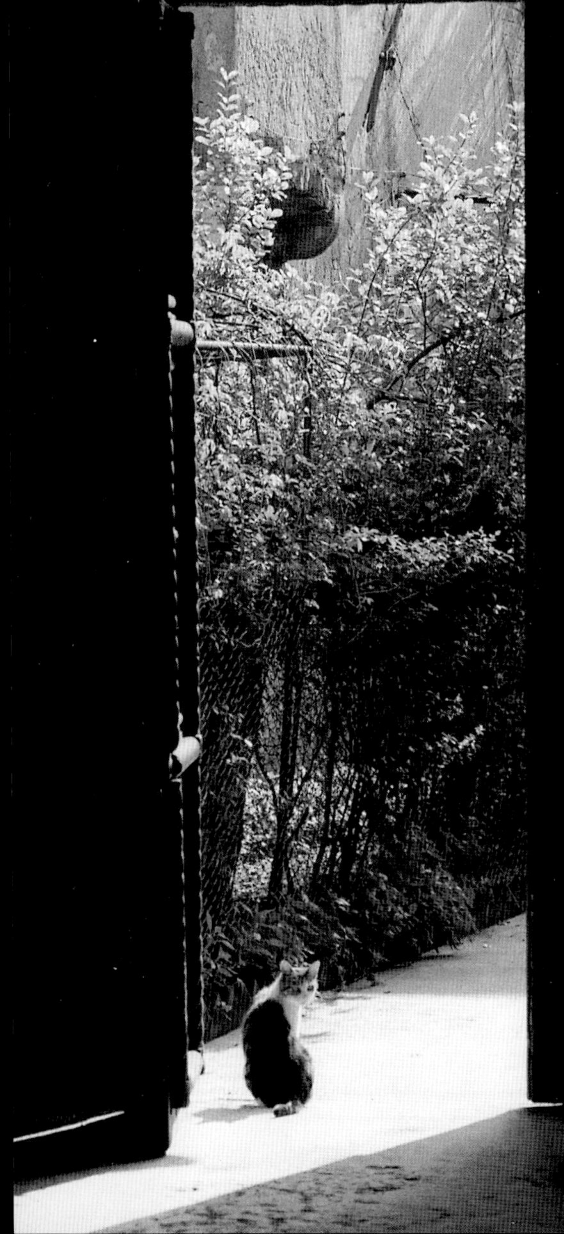

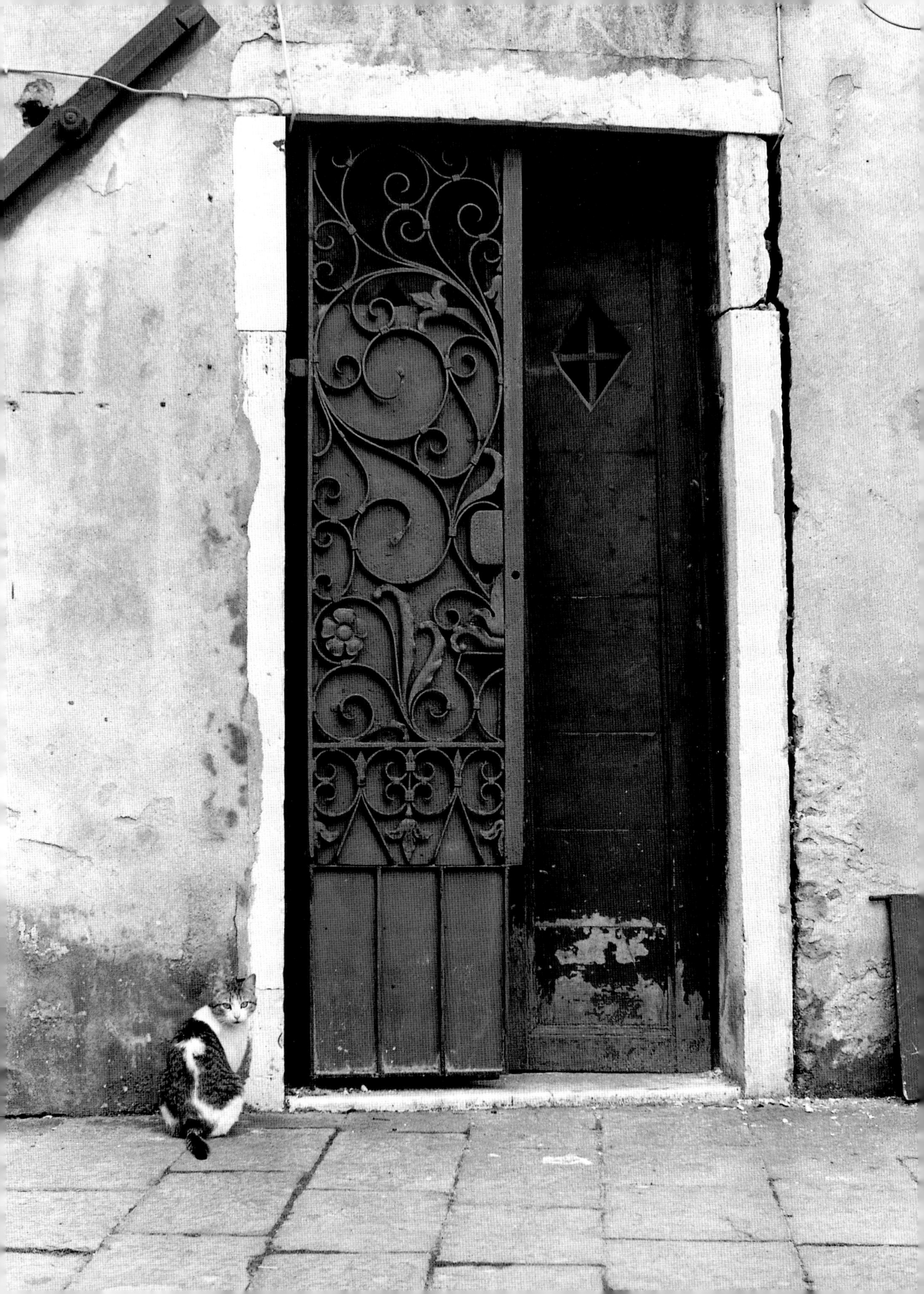

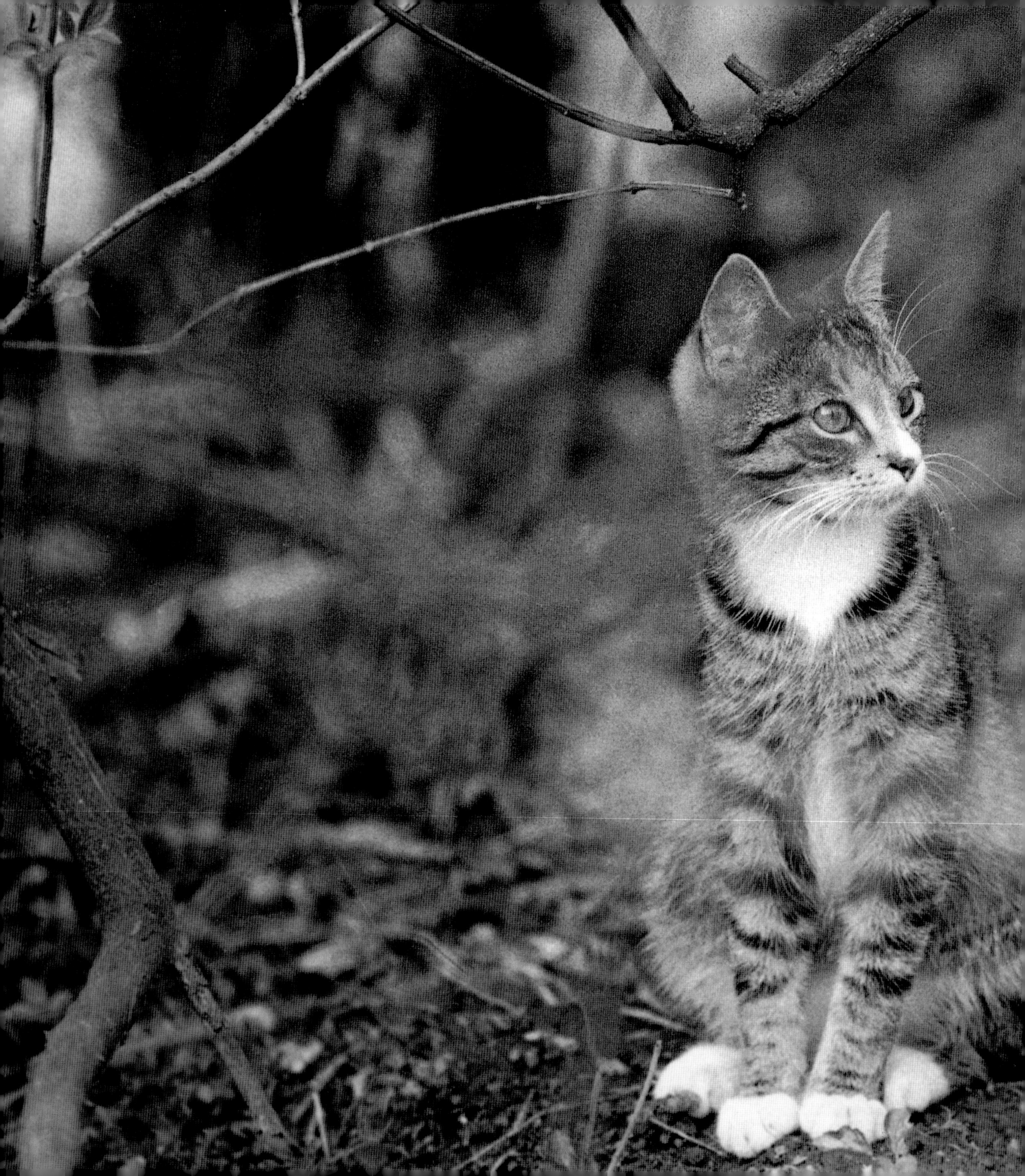

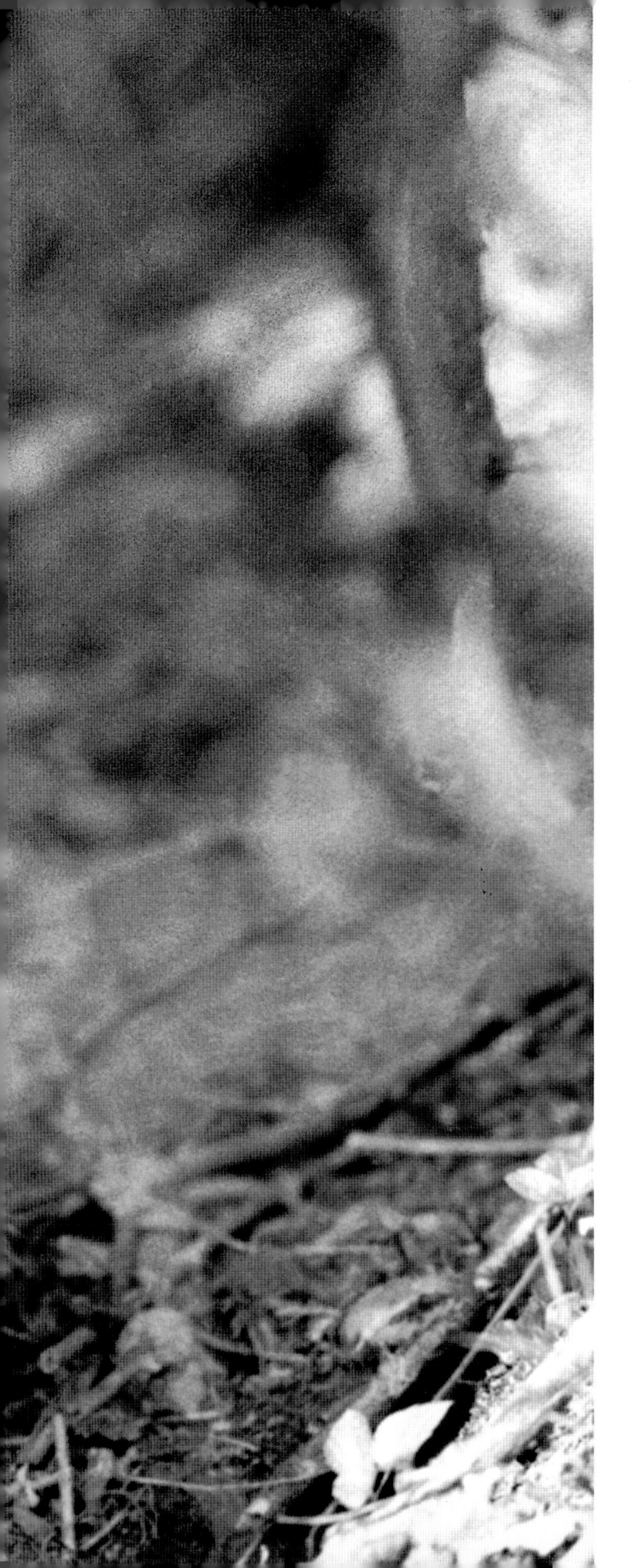

*K*atz / Kater – ist ein gantz bekanntes vierfüßiges Thier. Es giebet ihrer vielerley Arten, doch sind durchgehends ihre Augen, Zähne, Zunge und Pfoten formiret wie an Löwen, so haben sie auch viel von der Natur des Tygers. Sie lassen sich gantz leichtlich zähmen, wer nur mit ihnen glimpflich umgehen will; doch werden sie auch leichtlich schüchtern, wenn man mit ihnen nur ein wenig rauh verfähret.

Sie lieben die Gesellschaft derer Menschen, liebkosen denselben, und lassen sich gerne von ihnen streichen.

Wenn einer Katze des Nachts das Haar auf dem Rücken widersinns gestrichen wird, so lässet es nicht anders, als ob Feuer-Funcken daraus ausführen. Die Augen der Katze werden nach denen Monds-Brüchen bald grösser bald kleiner. Ihre Aug-Äpffel ahmen bey Tage dem Lauff der Sonne nach; denn vor Tage in der Morgen-Demmerung erstrecken sie sich weit, um den Mittag ziehen sie sich um einen Creyß, und am Abend werden sie stumpff, in der Nacht wird das mittlere Theil erleuchtet, also daß ihre Augen um selbige Zeit so feurig gläntzen, als ob sie brenneten, und wollen einige, daß sie bey der Nacht so gut sehen sollen, als bey Tage.

ZEDLER, 1732

Epitaph einer Katze

Das Leben ist mir ganz verleidet.
Was, glaubst du, Magny, was mich scheidet
Von aller Freude ganz und gar?
Nicht Geld verlor ich, – nein bewahr!
Nicht meine Börse, noch Geschmeide.
Und warum also? Samt und Seide
Könnt' ich verschmerzen, wenn mir bliebe
Mein Gut, mein' Lust und meine Liebe.
Was also denn? – O grausamer Bericht!
Das Herz mir fast im Leibe bricht.
Will ich das sagen oder schreiben:
Belaud, ach konntest du nicht bleiben!
Belaud, mein kleines graues Kätzchen,
Du mein geliebtes niedlich's Schätzchen!
Er war das schönste Exemplar
Von seinesgleichen großer Schar.
Die andern sind vor ihm nur Schatten;
Er war Belaud, der Tod der Ratten.
Die schönste Katze weit und breit
Und würdig der Unsterblichkeit.

Hör nun! zum ersten war Belaud
Nicht völlig grau, noch war er so,
Wie Frankreichs Katzen meistens sind;
Er war, wie man zu Rom sie find't:
Bedeckt von silbergrauem Fell,
Geschmeidig und wie Seide hell,
Schimmernd gewellt sein Rücken schien,
Der Bauch war weiß wie Hermelin.

Das Schnäuzchen klein, die Zähnchen fein,
Die Äuglein sanft wie Mondenschein,
Doch blitzt' es grünlich unterm Lid,
Wie man's am Regenbogen sieht,
Wenn er sich hoch am Himmel spannt.
Ein vielfach schimmernd Farbenband.

Der Kopf zum schönen Wuchse paßt.
Ein kräft'ger Hals trägt seine Last,
Das Näschen schwarz wie Ebenholz,
Das kleine Schnäuzchen löwenstolz;
Darum herum wächst fein und zart
Sehr vornehm silbern ihm der Bart;
Um es dir kurz zu sagen denn:
Von Kopf bis Fuß ein Gentleman.

Die Beine zierlich, Pfoten klein,
Mehr als ein Seidenhandschuh fein,
Ein Hälschen daunenweich und zart,
Das Schwänzchen lang nach Affenart,
Dazu gesprenkelt kunterbunt;
In der Natur ein seltner Fund.

Die Flanken hoch, die Mitte breit,
Für die Gestalt ein passend Kleid,
Der Rücken mittelmäßig lang.
Ein lust'ger Bruder und nie bang.

So war Belaud, das liebe Tier,
Vom Kopfe bis zum Fuße schier
Mit solcher Schönheit angetan,
Wie nirgends sonst wir sie noch sahn.
O welches Unglück! welch ein Schlag!
Wie soll ich ihn verwinden, sag!
O welche Trauer, welche Not!
Ganz sicher hätte selbst der Tod,
Wie grausam er auch ist, – ich wette! –
Wenn er nur hingesehen hätte,
Ein solches Tier verschont: ein Stein
Selbst würde dann geschmolzen sein.
Mir wäre nicht in Leid und Bangen
Dann alle Lebenslust vergangen.

Doch hat wohl nie der Tod gesehn,
Wie artig Belaud konnte flehn,
Wie ausgelassen spielen, hüpfen,
Wie schmiegsam durch ein Löchlein schlüpfen:
So sprang er oder kratzte sich –
So drehte er sich, oder schlich
Nach Katzenweise, oder jetzt
Fängt er ein Mäuslein, doch er setzt
Zunächst es wieder frei, er jagt
Es hin und her, wie's ihm behagt.
Dann wieder voller Lustigkeit
Putzt er sich nach der Essenszeit
Sein Mäulchen mit der Pfote rein;
Nun springt er mir ins Bett hinein.
Der Schlingel! oder er stibitzt
Vom Mund die Wurst mir, doch besitzt
Er Vorsicht, mich nicht zu erbittern:
Ich soll ihn schließlich ja noch füttern!
Noch tausend andre Schmeichelein
Erfand er, um mich zu erfreun.

Mein Gott, welch eine Augenweide,
Wenn um ein Knäuel weißer Seide
Belaud ganz ausgelassen hüpfte,
Wenn ihm der Faden bald entschlüpfte,
Bald vor ihm lag, so daß sein Lauf
Dem Rädchen glich im Ab und Auf.
Nun saß er auf dem Hinterteil
Und bildete ein Strumpfbandseil.
Er zeigte seinen runden Bauch,
Mit Samt bewachsen, zart wie Rauch:
So glich er, rund wie eine Tonne,
Dem schönsten Doktor der Sorbonne!
Dann wiederum, wenn man ihn reizte,
Zum Fechtkampf er die Pfoten spreizte –
Doch schwand die Kampflust auf einmal,
Sobald er roch sein Mittagsmahl.

Das aber, Magny, war das Leben,
Das die Natur Belaud gegeben.
Und ist es nun nicht zu bedauern?
Man sah in keines Hauses Mauern
Ein Katzentier von mehr Verstand
Im Mäusekampf, soweit bekannt.
Er kannte tausenderlei Arten,
Sie vor den Löchern zu erwarten.
Und war's so weit, dann arme Maus!

Nie kehrst du wieder in dein Haus!
Und nie gelang es einer Ratte,
Wenn Belaud sie erspähet hatte,
Zu flüchten. Wahrlich, jeder fand,
Belaud – das war kein Ignorant:
Er konnte mit Eins-a-Benehmen
Sein Fleisch sich selbst vom Tische nehmen;
Versteht sich: wenn man's präsentierte –
(Sonst mit der Tatz' er mich traktierte).
Und war's so weit, dann fraß er keck
Den Schmaus allein in seiner Eck.

Belaud war niemals schlechter Laune,
Und Übles brach er nie vom Zaune,
Und überschritt er mal das Maß,
So war's, daß er 'nen Käse fraß,
Wohl leider auch mal einen Fink,
Der ihn mit seinem Singsangsing
Geärgert hatte. – Wer mag's richten?
Vollkommen sind auch wir mitnichten.

Belaud war keins von jenen Tieren,
Die Tag und Nacht nach Futter gieren,
Weil sie nur an den Magen denken.
Er konnte sich vielmehr beschränken,
Nie überschritt er frech das Maß
Der Tugend – auch und grad beim Fraß.
Auch war gewohnt er zu verzichten,
Die Notdurft wahllos zu verrichten,
Wie leider viele Katzen tun,
Die sich benehmen wie ein Huhn.
Denn wenn Belaud, das edle Tier,
(Nur unter Zwang!) wohl einmal schier

Nicht ganz so edel sich benommen,
Wie es den Edlen möchte frommen,
Verbarg er unter Asche dies,
Was er (gezwungen!) gehen ließ.

Er war beim Spiel mein Kamerad,
Er spann vor mir auf seinem Rad,
Und schnurrte eine Litanei
Von langgezogner Harmonei.
Dann wieder klagte er ganz leise
In kindlich zarter Katzenweise.

Belaud (soweit Erinnerung reicht)
Stört' manchmal nur bei Nacht vielleicht,
Wenn irgendwelche üblen Ratten
Von seinem Schlaf geweckt ihn hatten,
Als sie an meinem Bette nagten.
Dann folgten manchmal wilde Jagden.
Belaud war dabei niemals lahm
Und auch nicht eine ihm entkam.

Doch weh! seit herzlos nun der Tod
Dem armen Tier die Rechte bot,
Dem einz'gen Wächter meiner Nacht,
Bin ich um Sicherheit gebracht.
Denn nun, mein Freund, bin ich verloren!
Nun beißen Ratten mir die Ohren!
Ja schlimmer noch, ach, selbst die glatten
Klangschönen Verse nagen Ratten. –

Belaud allein war Liebling mir,
War Freund, wie niemals sonst ein Tier –
Im Zimmer, zu Tisch und in den Kissen –
Ach, immer werd' ich ihn vermissen!
Kein Hund von allen, die ich weiß,
Hat seine Zeit, so klug und leis,
Mit solchem Sinn für Maß und Acht
Bei aller Freiheit zugebracht.
Belaud allein, ich darf es sagen,
Hat einzigartig sich betragen.
Mit ihm ist – ach! für stets verloren,
Was von so edler Art der Katzen je geboren.

JOACHIM DU BELLAY

An Molly, Glycerens Lieblingskatze

An dem fernesten Rand der
 Erde kennt man
Deine Tugenden, Molly,
 deine Reize.
Du, die Venus der
 schöngefleckten Cyper!

Dichter singen entzückt den
 Liebreiz deiner
 Schmeichelmiene,
Beneiden deine Spiele
Auf dem Schoße Glycerens
 und dein Lager
In dem Bette des
 liebevollsten Mädchens.

GEORG SCHATZ

Ode auf den Tod einer Favoritin – ertrunken im Goldfischbecken

Auf eines hohen Beckens Rand,
das eines China-Künstlers Hand
mit blauen Blumen hat geschmückt,
schaut auf den See tief unter sich
die sprödeste der Tigerkatzen –
Selima – und verwundert sich.

Ihr kluger Schwanz von Freude spricht:
wie weiß der Bart, welch schön Gesicht,
wie Samt die Pfoten, und das Fell
wetteifernd mit dem Schildpatt-Braun,
jettschwarzes Ohr, smaragdne Augen –
sie sah – und schnurrte Beifall laut,

und hätte länger noch gestarrt,
doch sah man durch die Flut hingleiten
des Stromes Genien, engelschön:
ihr Schuppenkleid, tyrisch getönt,
durch reichstes Purpurrot hindurch
verriet den Blick auf goldnen Glanz.

Voll Staunen sah's die arme Nymphe!
Zuerst den Schnurrbart, dann die Pfote
streckt' sie in glühendem Begehren
vergeblich nach der Beute aus.
Welch weiblich Herz kann Gold verachten?
Welch Kätzchen bang nach Fisch verschmachten?

Tollkühne Maid! Entschloßnen Blicks
reckt sie sich wieder, beugt sich nieder
(das böse Fatum saß und lacht!),
ahnt nichts vom Abgrund unter sich,
vom schlüpfrig-trügerischen Rand –
kopfüber purzelt sie hinein!

Achtmal taucht aus der Flut sie auf,
zu jeder Wassergottheit laut
um schnelle Hilfe sie miaut.
Delphin erschien nicht, nicht die Nereide,
kein schlimmer *Tom*, und nicht einmal *Susanne*,
denn Favoriten haben keinen Freund.

Von nun an wisset, unverführt, ihr Schönen:
unwiderruflich ist ein falscher Schritt!
Seid drum mit Vorsicht kühn!
Nicht alles, was schweifende Blicke
und arglose Herzen lockt, ist legitime Beute.
Nicht alles ist, was glitzert – Gold!

THOMAS GRAY

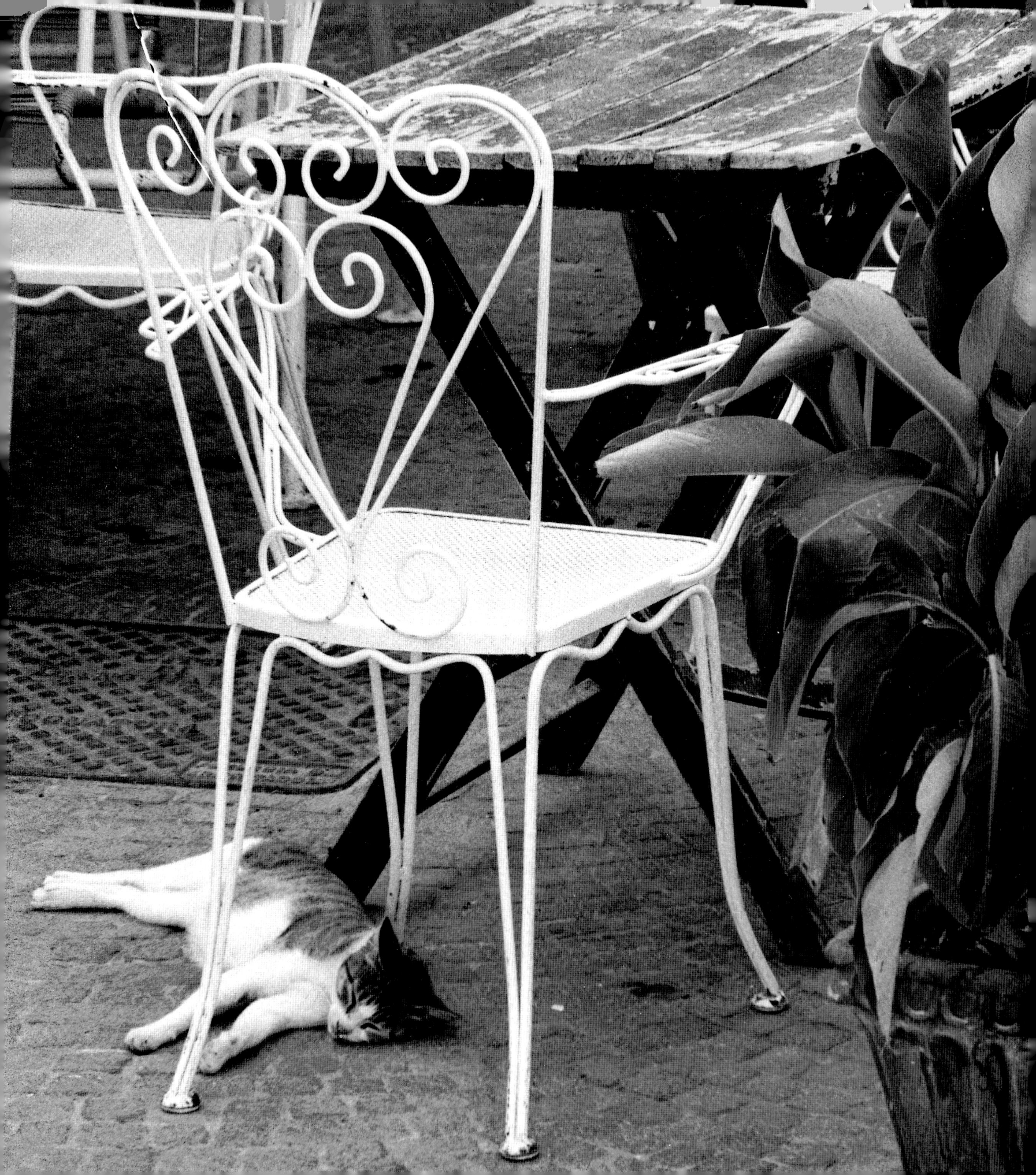

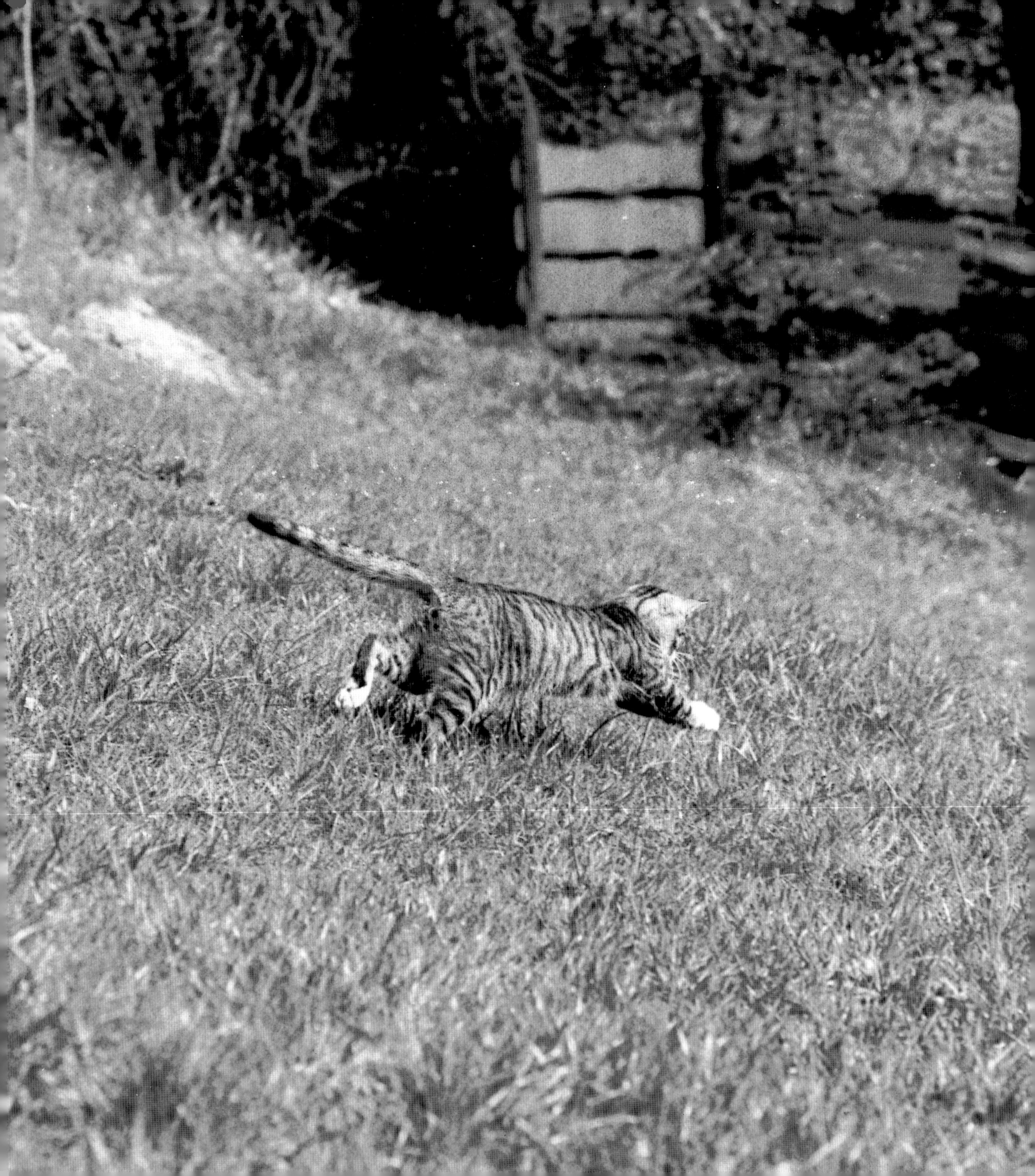

*E*s ist keine Katze
noch so mild,
wenn man sie einsperrt,
wird sie wild.

Sprichwort

Die schöne Helena und die offene Tür

Jede Katze, die ersucht wird, ein Zimmer so schnell wie möglich zu betreten, bekommt die Schwellenstarre. Sie versteift ihre Beine, hißt das Schwänzchen, prüft die Atmosphäre und stellt ihren Motor auf Langsam. Am liebsten setzte sie sich nieder, um zu diskutieren.
Andererseits: Jede Katze, die ersucht wird, das Zimmer so schnell wie möglich zu verlassen, muß erst mal überlegen, welches Risiko sie da eingeht. So mir nichts dir nichts durch die offene Tür? Hinaus? Und wenn da draußen Katzenfresser lauern?
Das will bedacht sein. Bitte nicht so eilig, es pressiert nicht. Sie hat fünf Minuten vor der verschlossenen Tür gemaunzt. Sie wollte hinaus. Oder herein. Es hat pressiert. Jetzt ist die Türe offen. Jetzt erbittet sie Bedenkzeit.
Schneller als mit Gedankenschnelle kann die Katze Mäuse fangen, das hat der Mensch genau gesehen, überhaupt als Tier ist sie rasend schnell. Aber da, wo der Mensch Gedankenschnelle von ihr erwartet, erlaubt sie sich Trödeleien, die er nicht einmal bei dem Damenbesuch der schönen Helena unwidersprochen hinnähme. Verhielte die schöne Helena im Türspalt zwischen meinem wohltemperierten Zimmer und dem zugigen Korridor den Schritt, um lange vor sich hinzugrübeln, so sähe ich sie an mit dem männlichen Drängelblick: »'raus oder 'rein!« Eine Schönheit, die zwischen Tür und Angel steckenbleibt, erregt die Galle und sonst nichts. Das ist der Punkt, in dem Katze und Mensch niemals zusammenkommen, tut mir leid.
Ich kann mich noch nicht beruhigen. Die schöne Zimmerluft geht flöten, ich habe meine Zeit nicht gestohlen, die Katze wollte herein – gut, ich bin extra aufgestanden. Ich habe die Tür aufgerissen wie ein Pförtner – und was nun? Die Katze besinnt sich. Durch diesen kleinen Spalt da? Sie sieht skeptisch hoch, schiebt den Kopf versuchsweise etwas vor und studiert mich. Wenn die Katze mich studieren will, soll sie ins Zimmer kommen, aber mit Beeilung, denkt der Mensch da oben und zischt herab: »Mach schon, Puß!« Widerlich, denkt Puß, der hat heute wieder eine Laune wie die Katz, wenn's donnert. Sie schlägt das hochgerollte Schwänzchen unter, setzt sich darauf und studiert die

Chance zwischen Tür und Mensch. Dann steht sie zögernd auf, streckt sich, schiebt den Kopf etwas vor...

In seiner Ungeduld drückt der Mensch die Tür etwas an, soll sie sich doch beeilen! Die Katze fährt mit dem Kopf zurück, in diese Falle geht sie nicht. Sie blickt zerstreut über die Schulter in das kalte Nichts des Korridors zurück: »Eigentlich wollte ich ja rasch noch eine dringende Besorgung machen, soll ich wirklich kommen? Das will ich mir erst überlegen...«

Manchmal bewährt es sich, die Tür weit aufzureißen, sich dahinter zu verstecken und die Katze wie eine grübelnde Märchenfee eintreten zu lassen; manchmal hält sie wirklich in dieser Form ihren Einzug, den schnellsten, der Katzen über ihre Schwellenstarre hinwegbringt. Die zärtlichsten Typen unter ihnen können es nicht unterlassen, sich zunächst anerkennend über das Wiedersehen mit dem Zimmer am Türstock zu reiben und die Augen zu schließen. Dem Mensch in seiner Ungeduld ist nach allem anderen als nach Augenschließen zumute. Er und die Katze schweben in diesem Moment in größter Gefahr, daß der Dämon der Nervosität die menschliche Hand dazu verleitet, die Türe zuzuschlagen. Dann ereignet sich, was die Katze instinktiv befürchtet hat: Ihr Schwanz wird eingeklemmt. Sie schreit, faucht auf oder versteckt sich unter dem nächsten Schrank. Alle Menschen sind Rowdys. Ihre Skepsis hat sich bestätigt. Man passiert nicht ungestraft eine Tür in höchster Hast. Es ist und bleibt ein Vabanquespiel. Es gibt nichts Falscheres als den Menschen.
Keine Katze tritt so unüberlegt wie ein Hund in ein Zimmer. Sich vor die Türe pflanzen und jammern, das ist die Ouvertüre. Die Feierlichkeit des Einzugs rituell gestalten, stutzig werden, nicht richtig mögen, sich das Ganze noch mal durch den Kopf gehen lassen, das ist der erste und zweite Akt. Plötzlich pfeilgeschwind hineinhuschen, das ist der dritte.
Besitzt man zwei Katzen und ist die eine in der Stube, während die andere hinter der Tür um Einlaß quengelt, dann will die Stubenkatze hinaus, um die Korridorkatze zu begrüßen; öffnet man die Tür, um die Begegnung zu ermöglichen, dann spaziert die Korridorkatze herein, die andere an ihr vorbei hinaus. Schließt man die Tür, so wiederholt sich das Spazierspiel, nur mit umgekehrten Katzen. Wie die Figuren einer Spieluhr spazieren sie aneinander vorbei.
Der Mensch wäre anders. Er wäre genau wie der Hund.

Bekäme Venus Kallipygos zwei, drei Male eine Tür auf das schöne Hinterteil geknallt, weil ihr Auftritt zu schläfrig vor sich ging, so überschritte sie Schwellen nur noch im Stafettenlauf.
Allerdings, die kätzische Türschwellenstarre funktioniert nur dann, wenn eine Katze dringend gebeten hat, schleunigst herein- oder hinausgelassen zu werden. Soll sie absolut nicht hinaus, so bringt sie es fertig, schneller als ein Gespenst durch den Türspalt zu huschen. Kaum möglich, ihr mit den Blicken nachzukommen. Sie macht sich einfach unsichtbar und entwischt durch eine Ritze.
Vielleicht studiert sie gerade deshalb ihren Eintritt so gewissenhaft, um darüber ins reine zu kommen, wie man am schnellsten wohl wieder hinauswetzt, wenn der Mensch das nicht wünscht.

EUGEN SKASA-WEISS

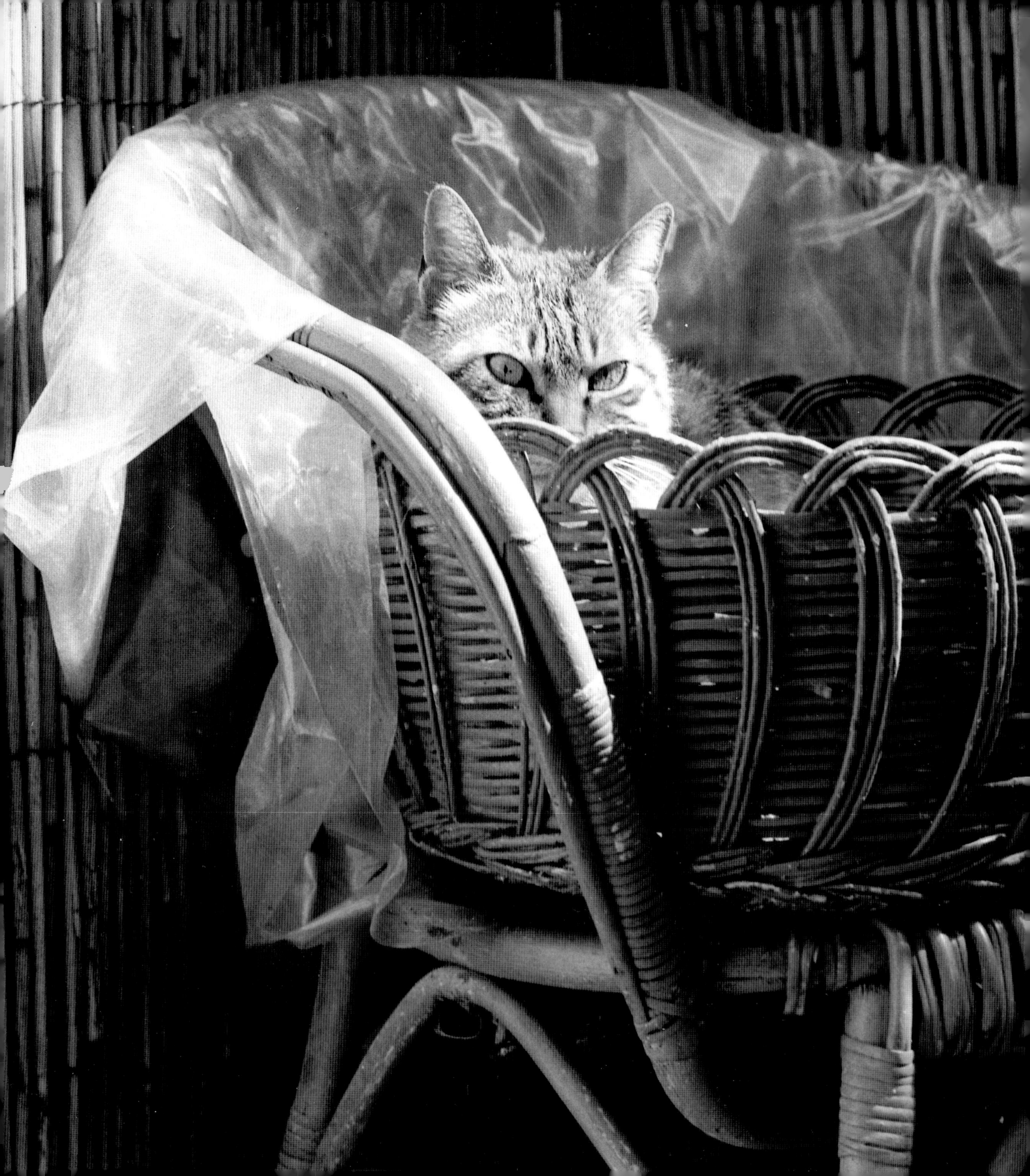

Ich denk an eine alte Katz', die heißt Tupfentapfenschecken.
Ihr Rock ist von der bunten Art, gestreift und mit Pardelflecken.
Sie sitzt den ganzen Tag herum, auf Treppenstufen und Decken.
Und sitzt und sitzt und sitzt und sitzt – die Tupfentapfenschecken!
    Und wenn Tages lärmend Gedränge verronnen,
    Hat das Tagwerk der Katz' noch gar nicht begonnen.
    Erst wenn alles im Bett ist und schläft in der Nacht,
    Schürzt sie ihren Rock und schleicht kellerwärts sacht,
    Besorgt um das Leben, das Mäuse dort führen –
    Ihr schlechtes Benehmen, unnette Manieren –
    Und hat sie sie, lehrt sie sie musizieren,
    Und Nadelwerk, häkeln und tätowieren.
Ich denk an eine alte Katz', die heißt Tupfentapfenschecken.
Man find't schwerlich eine so wie sie, liebt warme sonnige Flecken.
Sitzt auf meinem Bett und meinem Hut und in der Ofenecken;
Und sitzt und sitzt und sitzt und sitzt – die Tupfentapfenschecken!
    Und wenn Tages lärmend Gedränge verronnen,
    Hat das Tagwerk der Katz' noch gar nicht begonnen.
    Sie meint, wenn die Mäuse so laut und unstet,
    Käm' das sicher von ihrer falschen Diät.
    Und meint auch, man müsse alles versuchen,
    Und backt den herrlichsten Mäusekuchen,
    Nebst einem Braten aus Erbswurst und Weck
    Und herrlichstem Käse und fettestem Speck.
Ich denk an eine alte Katz', die heißt Tupfentapfenschecken;
Verknotet die Gardinenschnur mit Seemanns-Tücken und Tecken.
Sitzt flach auf jeder Fensterbank, in allen gemütlichen Ecken:
Und sitzt und sitzt und sitzt und sitzt – die Tupfentapfenschecken!
    Und wenn Tages lärmend Gedränge verronnen,
    Hat das Tagwerk der Katz' noch gar nicht begonnen.
    Sie meint, daß die Schaben Beschäftigung brauchen,
    Daß sie nicht so faul durcheinander krauchen.
    So teilt sie den ungeordneten Hauf
    Hilfreich in Pfadfindergruppen auf,
    An Lebenszwecken und Zielen reich,
    Und schenkt ihnen auch einen Zapfenstreich.
Also: dreimal Hurra für die alte Katz'!
Im geordneten Haushalt ist sie ein Schatz.

THOMAS STEARNS ELIOT

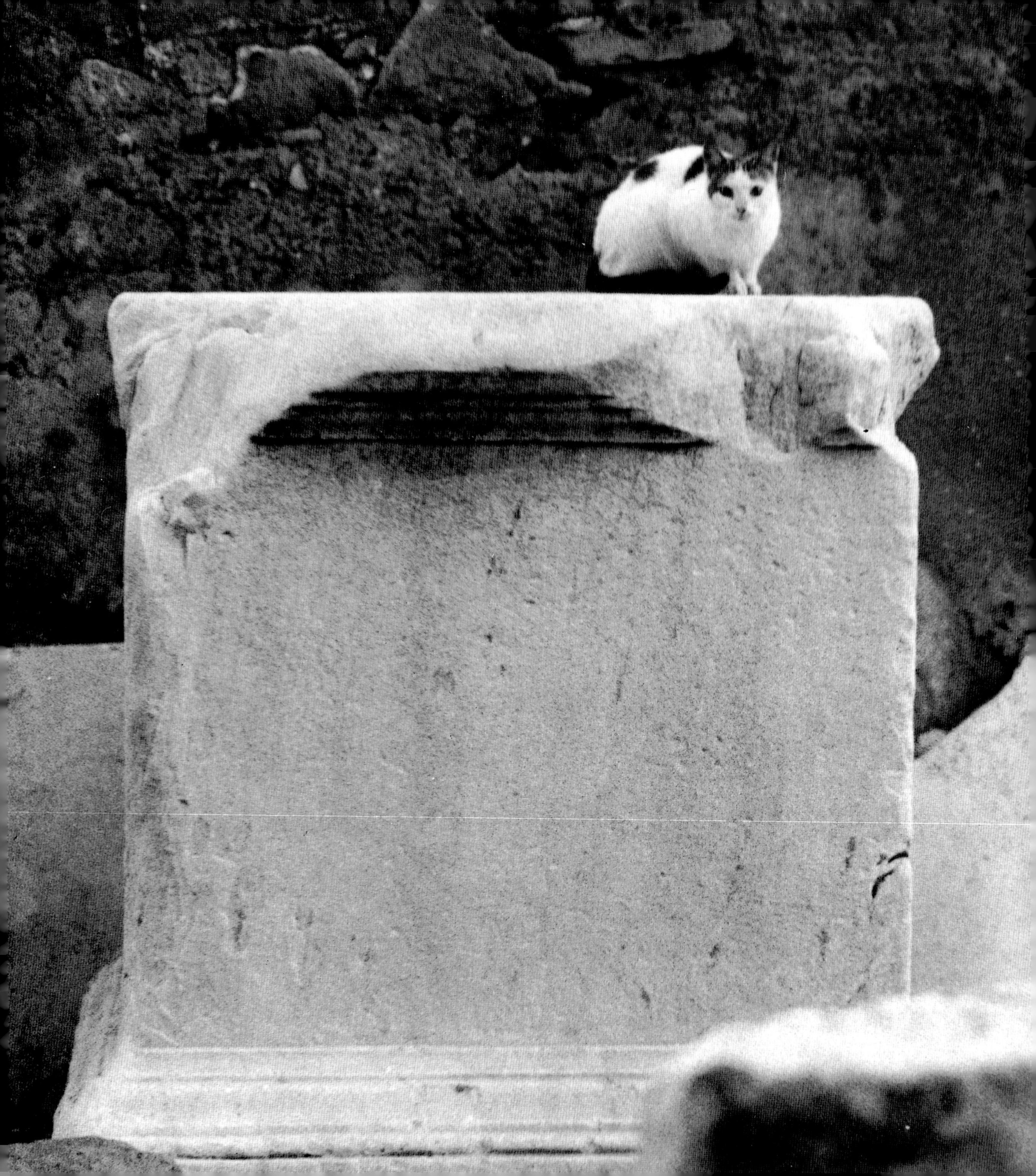

Ärger mit Schopenhauer

Sehr geehrter Herr Generaldirektor, ich bitte, mir nicht zu verübeln, daß ich Sie mit einem sehr ausführlichen Schreiben behellige. Unerwartete, merkwürdige Begebenheiten veranlassen mich, um Rückversetzung an unser Zweigwerk in O. zu bitten. Ich darf Ihnen den Fall nachstehend vortragen.

Als ich vor rund anderthalb Jahren, von Ihrer freundlichen Aufmerksamkeit begünstigt, in das Planungsbüro unseres Hauptwerkes berufen wurde, befand sich in meinem Gefolge außer meiner Frau, zwei Kindern und der Hausgehilfin auch unser Kater Schopenhauer, in etwas bedrängteren Augenblicken auch Schops gerufen. Ich wählte diesen vielleicht sonderbar anmutenden Namen einmal, weil mich das Tier auf rätselhafte Weise an meinen Lieblingsphilosophen Schopenhauer beziehungsweise dessen Bild erinnert, zum anderen aber, weil es von ungewöhnlicher, fast menschlicher Intelligenz ist, und in einer Art Symbiose mit mir lebt. Solange ich im Hause bin, ist auch Schopenhauer im Hause. Er verläßt es, wenn ich ins Büro fahre. Er erwartet mich vor der Haustür, wenn ich heimkehre. Da ich nachts oft arbeite, haben wir getrennte Schlafzimmer, das heißt, meine Frau und ich, während Schopenhauer, der an Sauberkeit jeden Menschen übertrifft, in meinem Bett schläft. Arbeite ich über vertretbare Zeit hinaus, so kommt er auf den Zeichentisch und legt seine Pfote auf meinen Arm. Er vermahnt mich. Das wiederholt sich, wenn ich nicht aufhöre. Aber meist folge ich dem Rat. Nur dreimal ist es vorgekommen, daß Schopenhauer mir buchstäblich den Zeichenstift aus der Hand schnippte.

Morgens, wenn der Wecker schellt, erhebt sich Schopenhauer unauffällig – er liegt oberhalb meines Kopfkissens – und legt die Pfote auf den Druckknopf, der das Klingeln abschaltet. Das geschieht gelegentlich so rasch und taktvoll, daß ich wieder in Schlaf falle. Das wiederum läßt das Tier nicht lange zu, sondern nötigt mich durch freundlichste Berührung in den Tag, geleitet mich ins Badezimmer und putzt und leckt sich, während ich mich wasche und rasiere. Dann frühstücken wir zusammen, denn ich frühstücke allein, und Schopenhauer besetzt und besitzt für diese Viertelstunde das hohe Kinderstühlchen unserer Anette, leert seine kleine Milchschüssel, kriegt vom Honighörnchen, auch Käserinden schätzt er sehr, und wenn ich eine oder zwei Ölsardinen mit ihm teile, ist das ein Festtag für ihn. Er begleitet mich zum Auto; wenn es anfährt, springt er mit einem federnden Satz auf die Mauer des angrenzenden Friedhofs und ist für die Stunden meiner Abwesenheit verschwunden. Nur selten kommt er mittags für einen kurzen Imbiß nach Hause, offenbar nur dann, wenn andere Jagdgründe sich ihm verschlossen hielten.

Für Menschen, beziehungsweise ihre Charaktere, hat er einen zuweilen geradezu bestürzenden Instinkt. Kommen Besucher, so empfängt er sie mit mir an der Tür, und noch während sie Hut und Mantel ablegen, sieht das Tier mich ruhig an, und ich kann an diesem Blick ablesen, mit wem ich es zu tun habe. Seine Augen drücken dann soviel Zustimmung oder Ablehnung aus, daß an seiner Einschätzung kein Zweifel möglich ist. In besonders krassen Fällen äußert sich diese auch in aktiver Stellungnahme. So hatten wir, noch in O., eine Hausangestellte von aufdringlicher Liebenswürdigkeit, angenehmem Äußeren und betont guten Manieren. Schon am zweiten Tag antwortete Schopenhauer auf eine ihm zugedachte Liebkosung mit einem Kratzer. Am siebten Tag beschwerte sich der Hausgeist über eine unziemliche Verunreinigung seines Kopfkissens. Am neunten Tage stellte meine Frau die erste Einbuße an Wirtschaftsgeld fest. Am fünfzehnten vermißte sie eine Bluse und zwei Paar Strümpfe. Am achtzehnten Tage hörte ich zufällig, spät heimkehrend, unliebsame Geräusche im Zimmer des Mädchens und machte mich mit naiven Fragen nach Einbrechern vor ihrer Tür bemerkbar. Die Zimmertür wurde so geöffnet, daß ich sofort das leere Bett, aber durch herunterhängende Decken nicht unter das Bett sehen konnte. Am Tage darauf verunreinigte Schopenhauer, der mich bei dieser mißlungenen Inspektion begleitet hatte, zwei Stellen unterhalb dieses Bettes nachdrücklichst, offenbar in der Absicht, dem ungesetzlichen Liebhaber den Boden zu weiteren Geheimaktionen zu entziehen. Ich will Sie nicht langweilen mit weiteren Intelligenzbeweisen, sondern auf den eigentlichen Anlaß des Schreibens kommen.

Seit etlichen Wochen habe ich Ärger mit Schopenhauer. Ärger, der aus der unmittelbaren Nachbarschaft des Stadtfriedhofs herrührt. Ich sagte schon oben, daß der Kater, wenn ich zum Dienst aufbreche, seinen Weg über die Friedhofsmauer wählt, um, wie ich annahm, sich dort zwischen Gesträuch und Gewächsen, bepflanzten oder vernachlässigten Grabhügeln oder Zypressen, Birken und Lebensbäumen zu ergehen, hier eine Eidechse, dort eine Maus oder sonst Jagdbares zu erhaschen, Vögeln nachzustellen, ein Stelldichein zu absolvieren, eventuell auch an frisch ausgehobenen, also keineswegs eingesegneten Gräbern etwas Überflüssiges zu verscharren.

Man weiß, wonach der Sinn des Katzenvolkes steht. All dieses gibt kein Ärgernis; die Tierschutzvereine fühlen sich zum Schutz von Hunden, Affen und Katzen aufgerufen, die Eidechsen und Vögel müssen zusehen, wie sie ohne Tierschutz zu Jahren und Altersheim kommen. Das Ärgernis, das Schopenhauer gibt, ist gewissermaßen metaphysischer Natur. Schopenhauer hat im Laufe der siebzehn Monate, da wir am Ort wohnen, Besitz von diesem Friedhof ergriffen, hat ihn in seine Obhut und Wachsamkeit genommen, und weil er ein äußerst intelligentes Tier ist, hat er seine Befugnisse auch auf eine Art Repräsentation ausgedehnt, die gerade in Anbetracht der trauererweckenden Vorkommnisse, als welche Todesfälle zumeist angesehen werden dürfen, beziehungsweise in Anbetracht der sie abschließenden Begräbnisfeierlichkeiten als unangebracht, ja störend empfunden wird. Nach mancherlei Andeutungen und Gerede setzte mich vor vierzehn Tagen unser würdiger Herr Stadtpfarrer ins Bild, ohne Vorwurf, milde, eigentlich voll Bewunderung und Sympathie für das kluge Tier, aber dann doch mit der inständigen Bitte, Abhilfe zu schaffen. Nicht jeden, aber doch fast jeden Tag haben wir den Heimgang eines Mitbürgers oder einer Mitbürgerin zu beklagen, und Sie wissen vielleicht, daß der Herr Stadtpfarrer sehr auf das Zeremoniell bedacht ist und daß selbst von den unmittelbar Betroffenen seine Feierlichkeiten geschätzt, beinahe begehrt sind. Man spricht sogar davon, daß Konversionen stattgefunden hätten, weil der Pfarrer von der anderen Fakultät, der sich ohnehin nur auf gewisse Gebete beschränkt, bei weitem nicht so zu Augen und Herzen gehende Stimmung verbreite. Die leichtfertige Redewendung: Es war ein würdiges Begräbnis, oder: es war eine schöne Beerdigung, hat in unserer Stadt ein reelles Gewicht. Der Herr Stadtpfarrer läßt das gußeiserne Tor des Friedhofs z.B. verschlossen halten, bis der Trauerzug, gewissermaßen um Einlaß bittend, vor dem Portal anlangt. Dann öffnet der Friedhofswärter die Pforte, aber noch ehe er sie öffnet, sehen die vordersten Teilnehmenden durch die Gitterstäbe in der Mitte des Hauptweges, etwa zehn oder fünfzehn Meter entfernt, meinen Schopenhauer sitzen in Erwartung der beinahe obligaten täglichen Feierlichkeit. Der Pfarrer betritt als erster den Weg. Schopenhauer erhebt sich und geht ihm entgegen, langsam, mit hoch erhobenem Schwanz, der sich am Ende der Krümmung eines Bischofsstabes annähert. Er stellt sich neben den Herrn Stadtpfarrer und läßt den Sarg passieren und schließt sich mit dem geistlichen Herrn, der

M CCCXXII
MENSE IANUARII
DIE XVIII OBIIT
NTE HOC DOS
ENDREAS S...N
DEI COTNIO...
NTALEONIS...
...PROP...

sich im schwarzen Talar mit blütenweißem Beffchen, samtenem Birett auf silbernem Haar sehr eindrucksvoll ausnimmt, dem Sarge an. Da Schopenhauer blauschwarzes Fell besitzt und sich seine Barthaare – er ist nicht mehr der Allerjüngste – an den Spitzen zu versilbern beginnen, mag er jetzt erst das Bild für vollständig halten. Jedenfalls bleibt er immer neben dem Herrn Stadtpfarrer, soll auch die Schwanzhaltung nicht aufgeben, wie alle Augenzeugen dem Stadtpfarrer beteuert hätten, der erhobenen Hauptes dem Grabe zuschreitet. Anfänglich habe er zuweilen dem hübschen possierlichen Begleiter einen ernsten, gewissermaßen milde verweisenden Blick zukommen lassen, aber der habe sich nicht beirren lassen, vielmehr dem alten Herrn mit einem Blick fragenden Einverständnisses erwidert, als wollte er sagen: Sind wir nicht ein würdiges Paar? Das habe den Herrn Stadtpfarrer zum Lächeln gebracht. Darum schreitet er jetzt, ohne des Tieres zu achten. Am Grabe dann, um das sich die Trauergemeinde versammelt, steht der Pfarrer, während Schopenhauer neben den Sprechenden und Betenden sitzt. Er sitzt unbeweglich und lauscht, den schönen, ausdrucksvollen Kopf mit den Bernsteinaugen etwa auf Hosenbeine beziehungsweise umflorte Schienbeine und Waden der Trauergäste gerichtet. Aber von Zeit zu Zeit unterbricht er seine Unbeweglichkeit und blickt, bei einem schön vorgetragenen Bibelzitat oder einer ausdrucksvollen Geste des Predigenden, mit seitlich hoch gedrehtem Kopf bewundernd zu diesem auf, verharrt ein Weilchen gebannt in dieser aufmerksamen Hinwendung, um sich dann wieder in ein zierliches Monument zurückzuverwandeln. Tritt der Herr Stadtpfarrer, nach vollzogenem Ritual, beiseite, um den Trauergästen Platz zu geben für die letzten Hände Erde, so tritt auch Schopenhauer in den Hintergrund, und während sich nun die Feierlichkeit in ungezügelteren Schmerz und ungeregeltere Teilnahme aufzulösen beginnt, geht der geistliche Herr still für sich, aber nicht allein, den Weg zum Portal zurück. Dort erst hält Schopenhauer an, der diesmal den Schwanz ohne Bischofskringel trägt, und entläßt ihn zu seinem Dienst an den Lebenden. Und nun wähnt er wohl auch sich entlassen, man sieht ihn nicht mehr, und das ist gut so. Denn Sie werden sich vorstellen können, sehr geehrter Herr Generaldirektor, daß die unerbetene Teilnahme des unbestellten Kustoden an den Begräbnisfeierlichkeiten nicht ohne Begleiterscheinungen bleibt. Teilnahme lindert wohl den Schmerz, so sagt man wenigstens. Aber die Teilnahme Schopenhauers an der Feierlichkeit trübt den reinen Schmerz, oder sagen wir genauer, sie läßt keinen ungetrübten Schmerz zu. Seufzer und Schluchzer sehen sich um ihre Eindeutigkeit betrogen. Die Anmut und Gefälligkeit des drolligen Tieres siegt über die Starre und das Mißfallen des Todes. Des Menschen Natur, von widersprüchlichen Reizen angesprochen, verkrampft sich, verliert die vorgefaßte Orientierung. Mit einem Satz: die Existenz Schopenhauers, an offenen Gräbern wenigstens, wird, obwohl oder vielleicht weil sie unfreiwillig den Charakter einer verhohlenen Erheiterung hat, als öffentliches Ärgernis empfunden. So sagte der Herr Stadtpfarrer, so sagte es mir ein anonymer Brief, der mir die bevorstehende Beseitigung Schopenhauers androht. Und so sage ich es mir selbst. Wir Menschen haben, wie Friedrich Schiller es großartig formuliert hat, nur die bange Wahl zwischen Sinnenglück und Seelenfrieden. Ich erhalte mir beides und meiner Umwelt den Seelenfrieden, wenn ich das Ärgernis entferne. Darum bitte ich nach langer und reiflicher Überlegung um meine Rückversetzung nach O., notfalls in die alte Stellung und Gehaltsstufe. Hochachtungsvoll Ihr sehr ergebener... Randnotiz des Generaldirektors: In Anbetracht einer weiterhin glücklichen Symbiose werden Schopenhauer und sein Besitzer an die Zweigniederlassung der Firma nach O. versetzt. Letzterer bewegt sich eine Gehaltsstufe aufwärts.

RUDOLF HAGELSTANGE

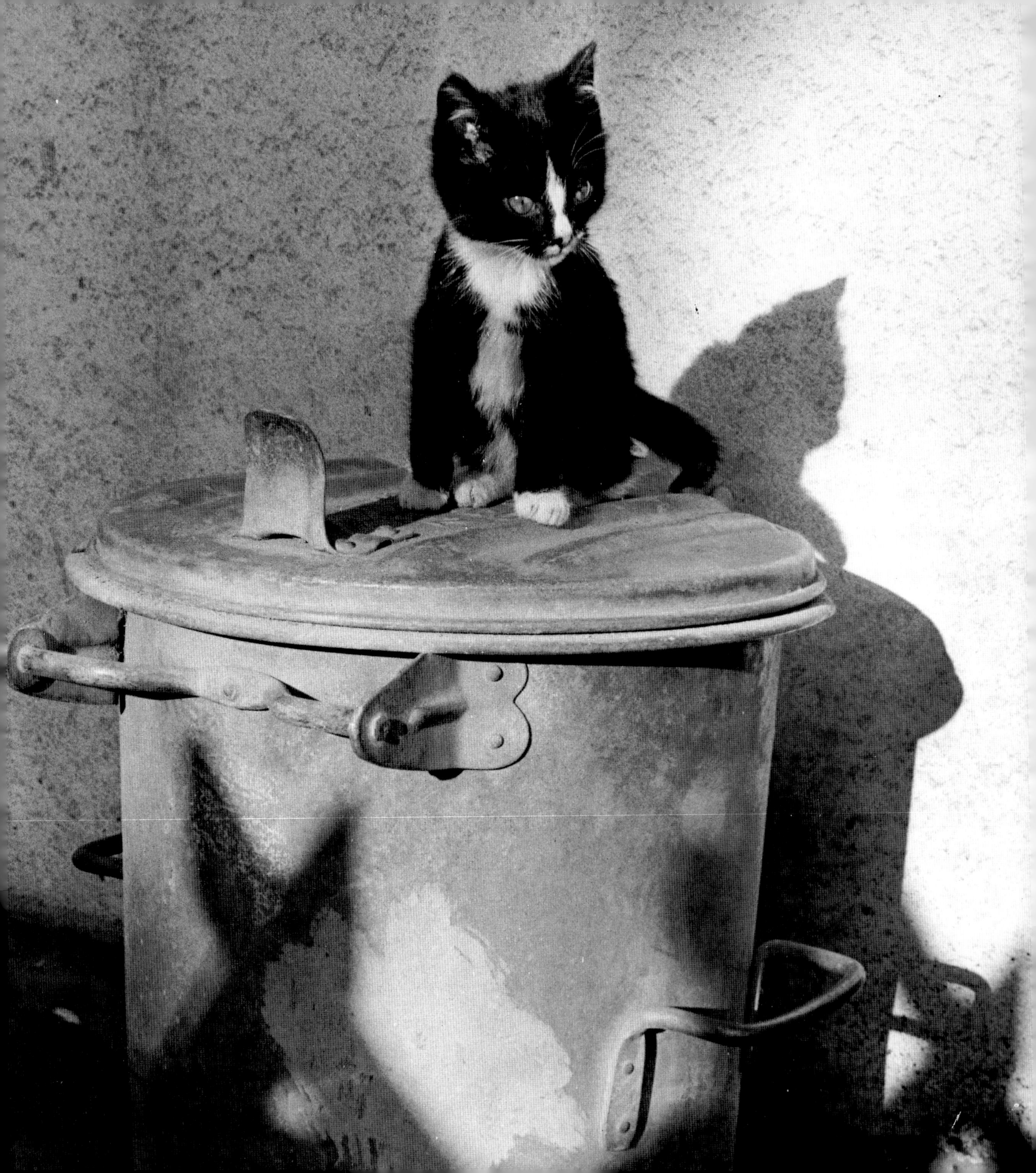

Die verschwundene Katze

Hat denn niemand
mein Kätzchen geseh'n?
Mein Miezekätzchen
ist fortgelaufen,
mitten im Winter!
Ich wollte es taufen,
doch vielleicht konnte
es das nicht versteh'n...

Ich bin voll Sorge.
Es schneit und schneit.
Vielleicht ist dem armen
Kätzchen jetzt bange?
Es schneit und schneit
und schneit
schon so lange,
so lange Zeit...

Es friert! Sicher friert es!
Da kommt Nachbars Kurt –
auch er hat das Kätzchen
nirgends gesehen.
Nun bleibt mir nichts als
nach Hause zu gehen...
Da sitzt es
und schnurrt!

ILONA BODDEN

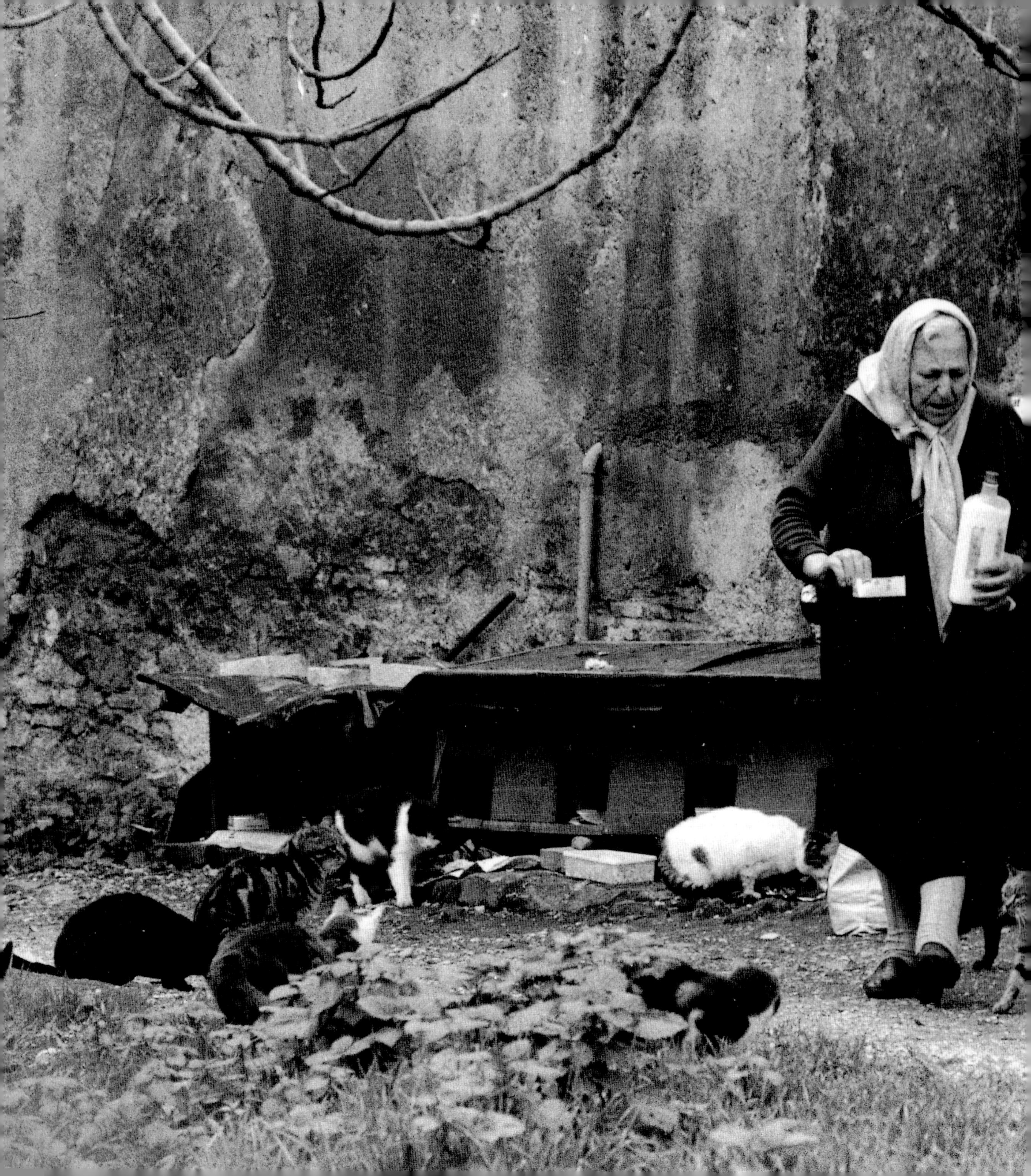

*D*ie Katz' wär aus der Art,
   die nicht in Milch steckt ihren Bart.

SPRICHWORT

*D*ie Katzen sind – ein subtiles leichtfüßiges Thie

die gar sacht und leise zu gehen und zu schleichen pflegen.

GEORGICA CURIOSA, 1682

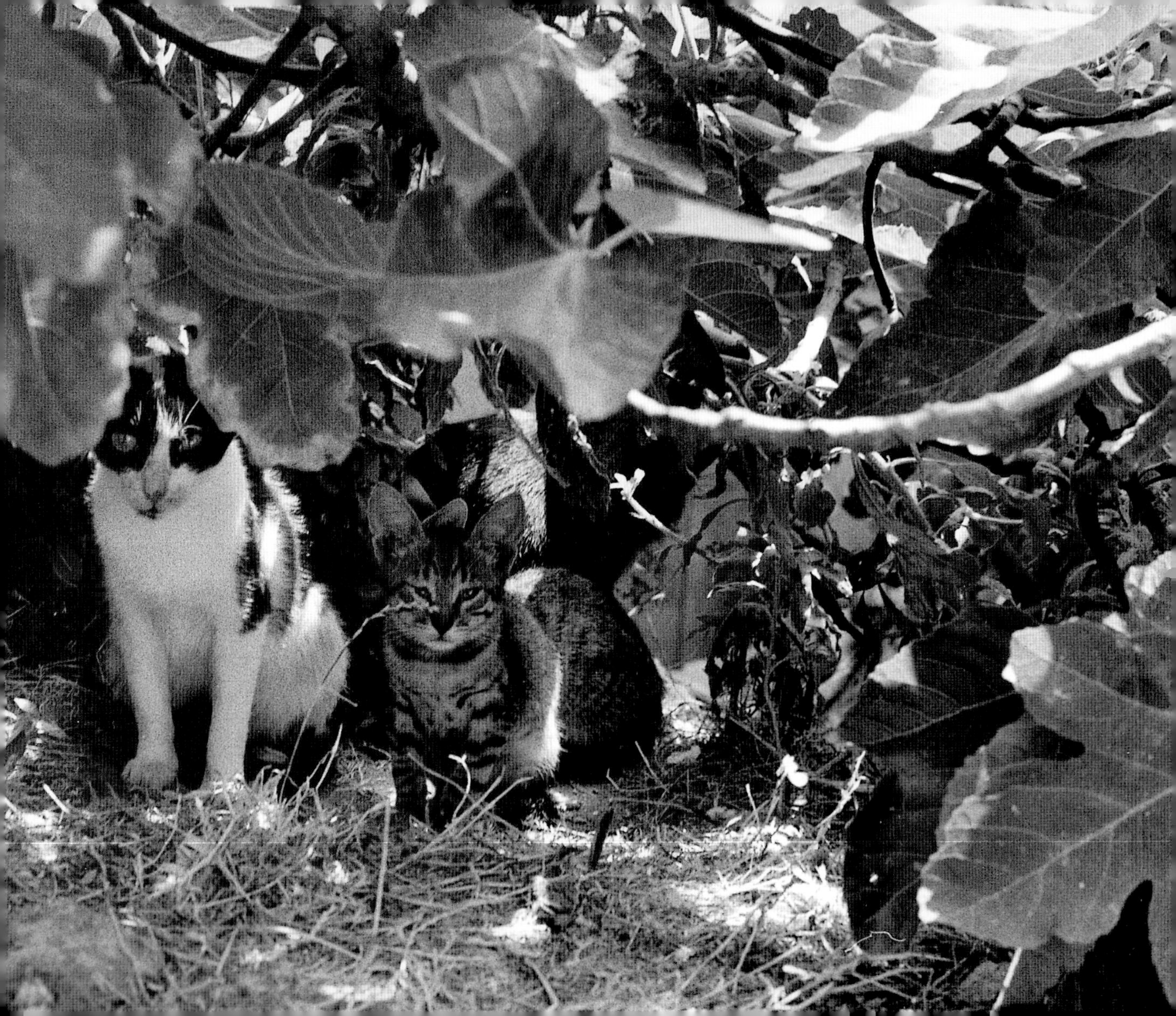

Man fand dich fern vom warmen Hause,
Bedrängt von Schnee und eisgem Wind,
Trug dich zu meiner stillen Klause,
Verirrtes, armes Katzenkind.

Du schriest und klagtest in dem neuen
Unheimlich bücherreichen Ort,
Doch bald verschwand dein wildes Scheuen,
Du fühltest dich in sichrem Hort.

Die Nase fein, die Augen helle,
Zart rosenfarb der kleine Mund,
Jedwede Linie eine Welle
Und jede Regung weich und rund.

Das Spiel begann, ein lustig Jagen,
Ein Wettkampf in verwegnem Sprung,
Ein Raufen, Purzeln, Überschlagen,
Mit welcher Grazie, welchem Schwung!

FRIEDRICH THEODOR VISCHER

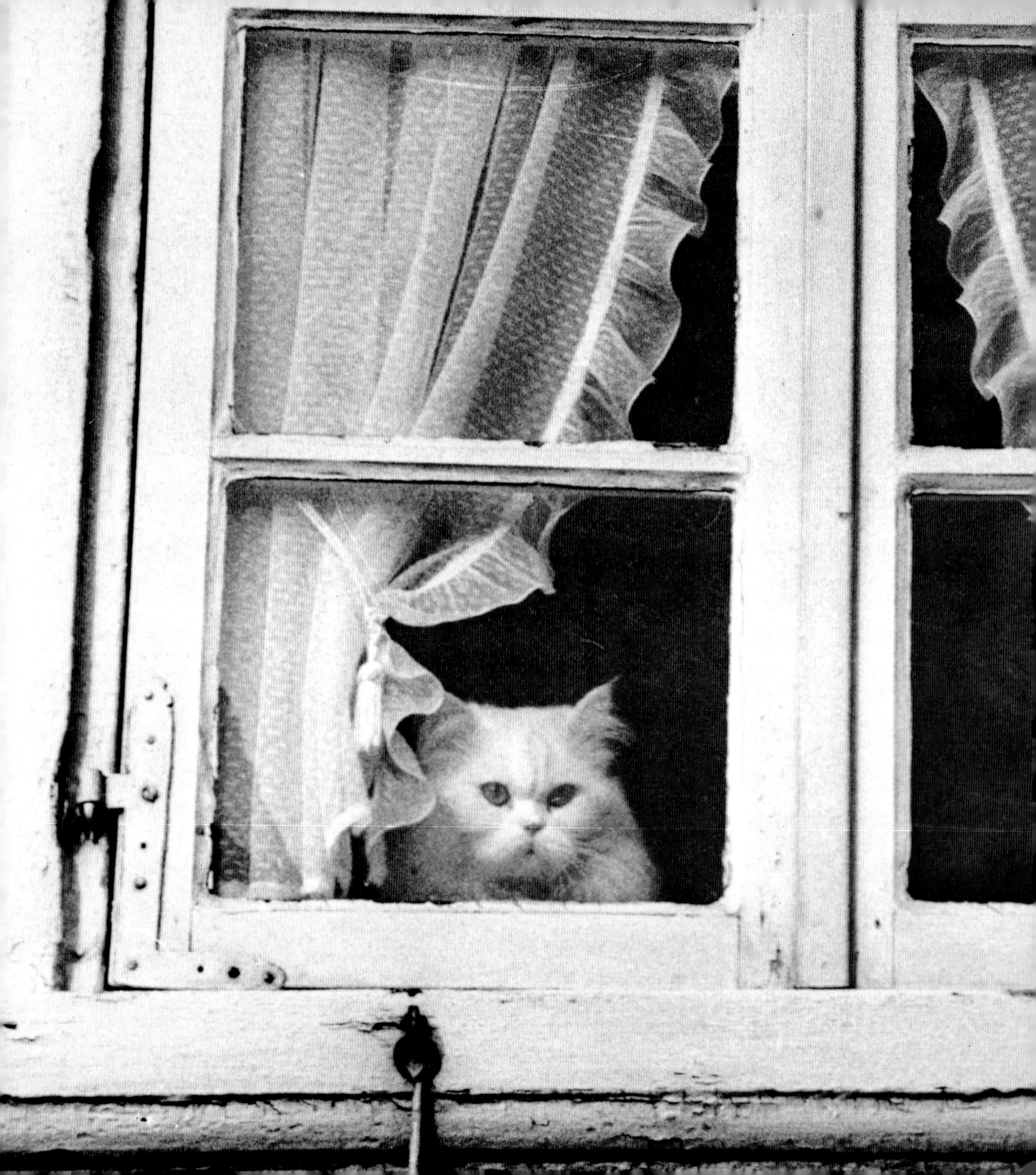

Sie sind von feinstem Empfindungsvermögen, –
ungemein genießerisch; streichelt man sie,
dann reiben sie sich schnurrend an unserm Körper,
sie wälzen sich zärtlich auf uns und sehen uns an
mit ihren gelben Augen, – Augen, die uns gleichwohl
gar nicht zu sehen scheinen.

Ich streichelte, ich liebkoste dies weiche,
sensible Tier, das geschmeidig ist wie ein Stoff von
Seide, – sanft, warm, kostbar und gefährlich.

Ich habe Freude daran, sie zu berühren und ihr
seidiges knisterndes Haar unter meine Hand gleiten
zu lassen, – angenehm ist es mir, ihre Wärme in
diesem Haar zu fühlen, in diesem zarten, erlesenen
Pelz. Nichts ist sanfter, nichts gibt der Haut eine
feinere Empfindung, – eine so überzarte und seltene
Sinneserfahrung wie das schmeichelnd-milde und
bebende Fellkleid einer Katze.

GUY DE MAUPASSANT

Wieviele lange Tage
habe ich
mit meiner Katze allein
dahingelebt.
Unter *allein* verstehe ich:
ohne etwas Faßbar-Materielles.
Ist doch meine Katze
ein Gefährte
von mystischer Art, –
ein Geist-Wesen.

STÉPHANE MALLARMÉ

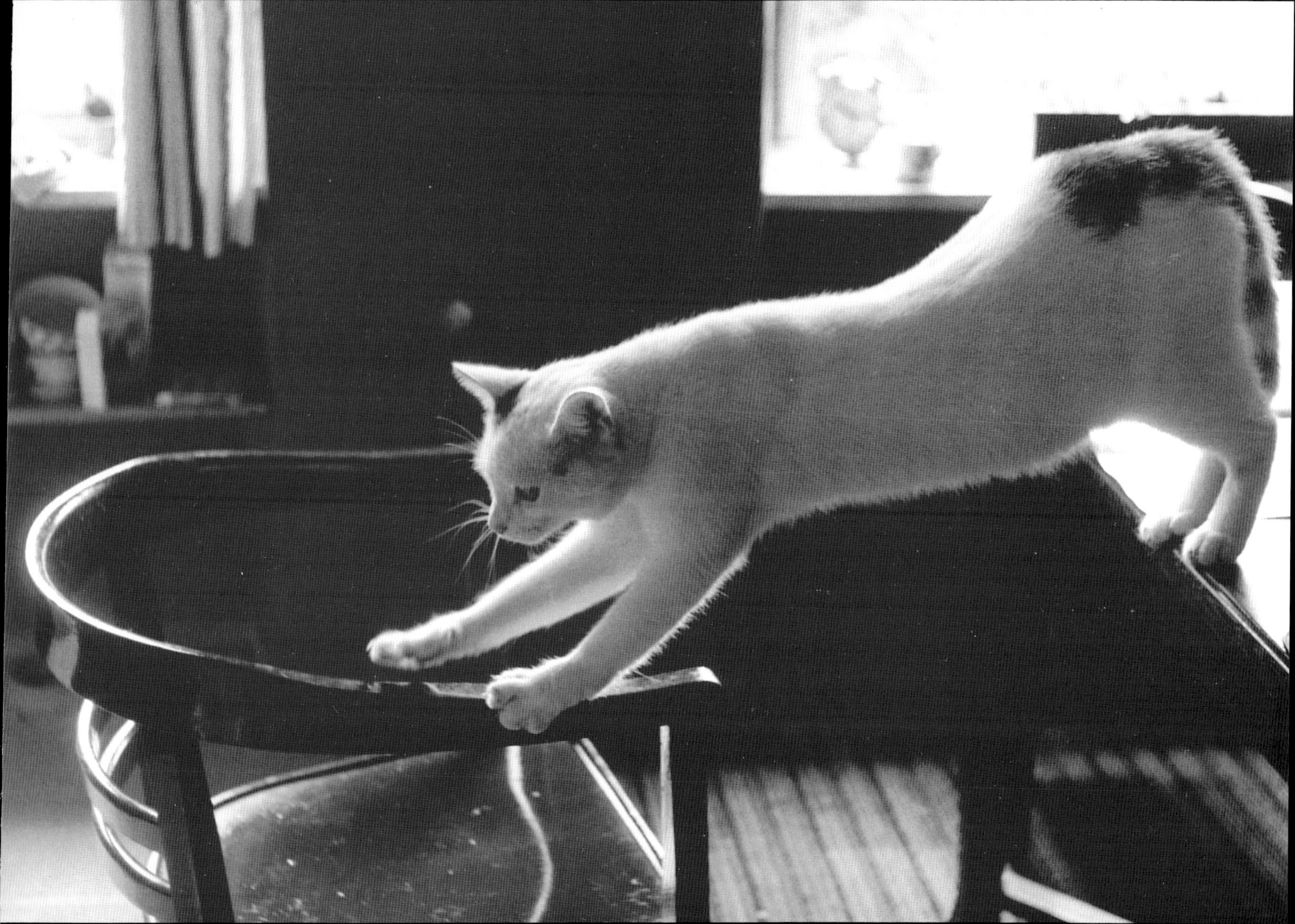

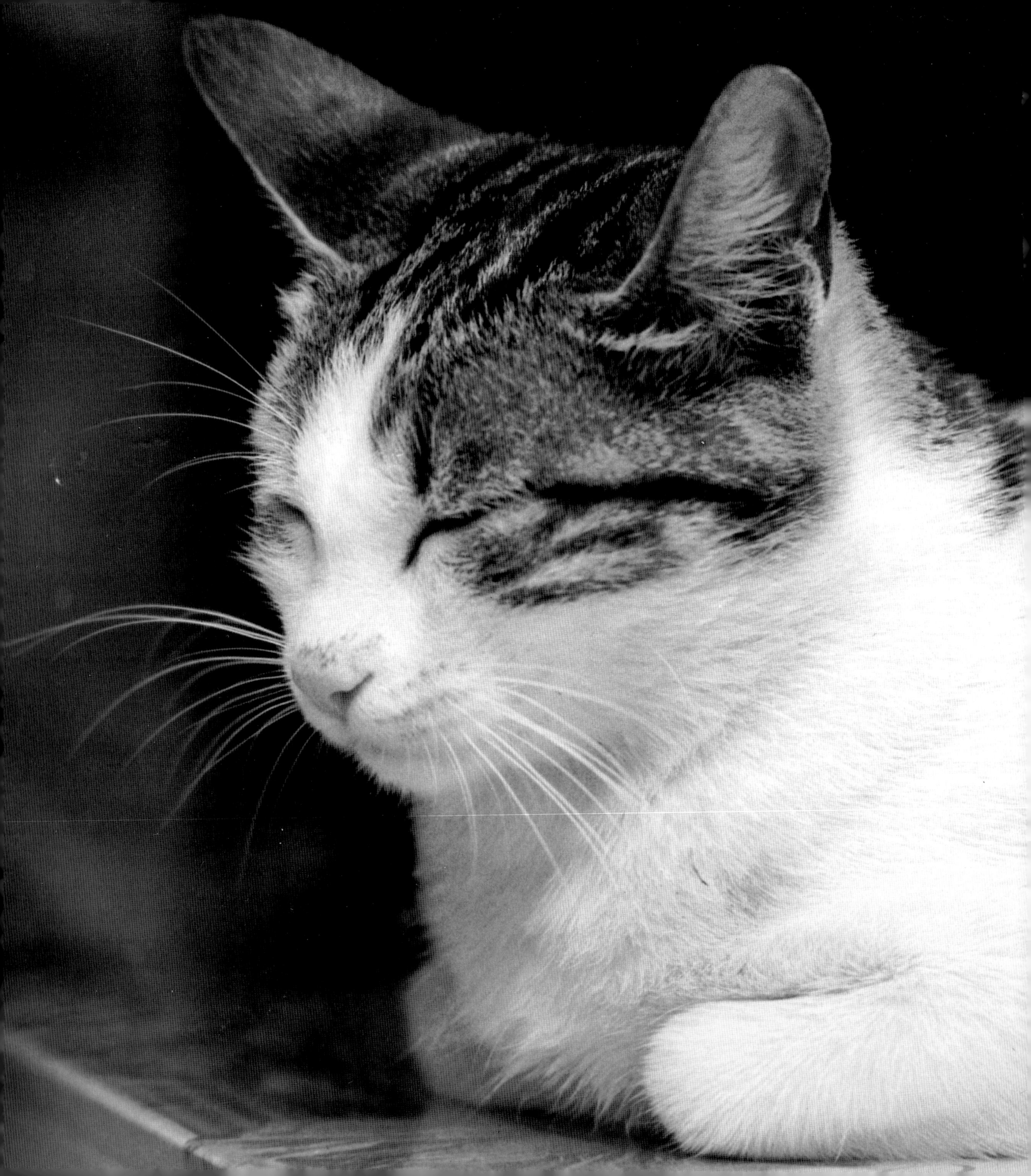

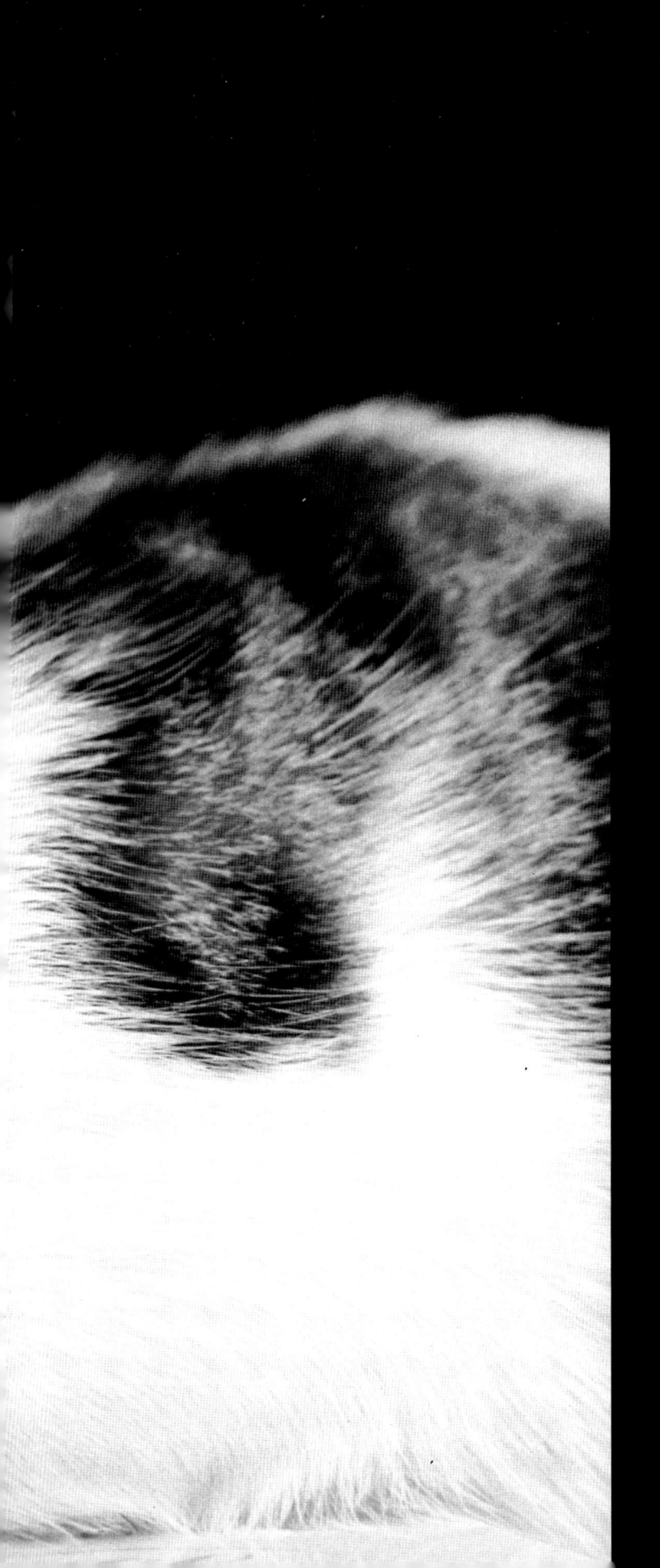

$\mathcal{D}$ie glühenden Verliebten und
die strengen Weisen, beide lieben
in reifem Alter die mächtigen und
sanften Katzen, die, des Hauses Stolz,
gleich ihnen die Kälte meiden und das
Zimmer hüten.

Versonnen nehmen sie die edlen
Haltungen der großen Sphinxe ein,
die ausgestreckt in tiefen Einsamkeiten
ruhen und zu entschlummern scheinen
in endlosem Traum –

CHARLES BAUDELAIRE

In meinem Hirn geht, als wär es ihre Wohnung, eine schöne Katze spazieren, kraftvoll, sanft und reizend. Wenn sie miaut, hört man es kaum.

So zärtlich und verstohlen ist der Klang; ob aber ihre Stimme sich sänftigt oder grollt, stets tönt sie reich und tief. Das ist ihr Zauber und ihr Geheimnis.

Diese Stimme, die in meine finsterste Tiefe perlt und träuft, erfüllt mich wie wohllautende Verse und erheitert mich wie ein Heiltrank.

Sie schläfert die ärgsten Leiden ein und enthält alle Wonnen; um die längsten Sätze zu sagen, bedarf sie keiner Worte.

Nein, es gibt keinen Bogen, der über das vollkommene Instrument meines Herzens streicht und königlicher seine bebende Saite singen machte,

Als deine Stimme, geheimnisvolle Katze, seraphinische Katze, seltsame Katze, in der, gleich wie in einem Engel, alles von Zartheit wie von Harmonie durchwirkt ist!

Aus ihrem blond und braunen Fell steigt ein so süßer Duft, daß eines Abends ich ganz davon durchhaucht war, als ich einmal, ein einziges Mal nur, sie gestreichelt hatte.

Sie ist der Hausgeist hier; sie richtet, herrscht, begeistet alle Dinge in ihrem Reich; vielleicht ist sie eine Fee, ist sie ein Gott.

Wenn meine Augen, die diese geliebte Katze magnetisch auf sich lenkt, gehorsam sich wenden und ich dann nach innen blicke,

So seh ich mit Erstaunen das Feuer ihrer bleichen Augensterne – Leuchtzeichen, lebende Opale – , die mich anschaun unverwandt.

CHARLES BAUDELAIRE

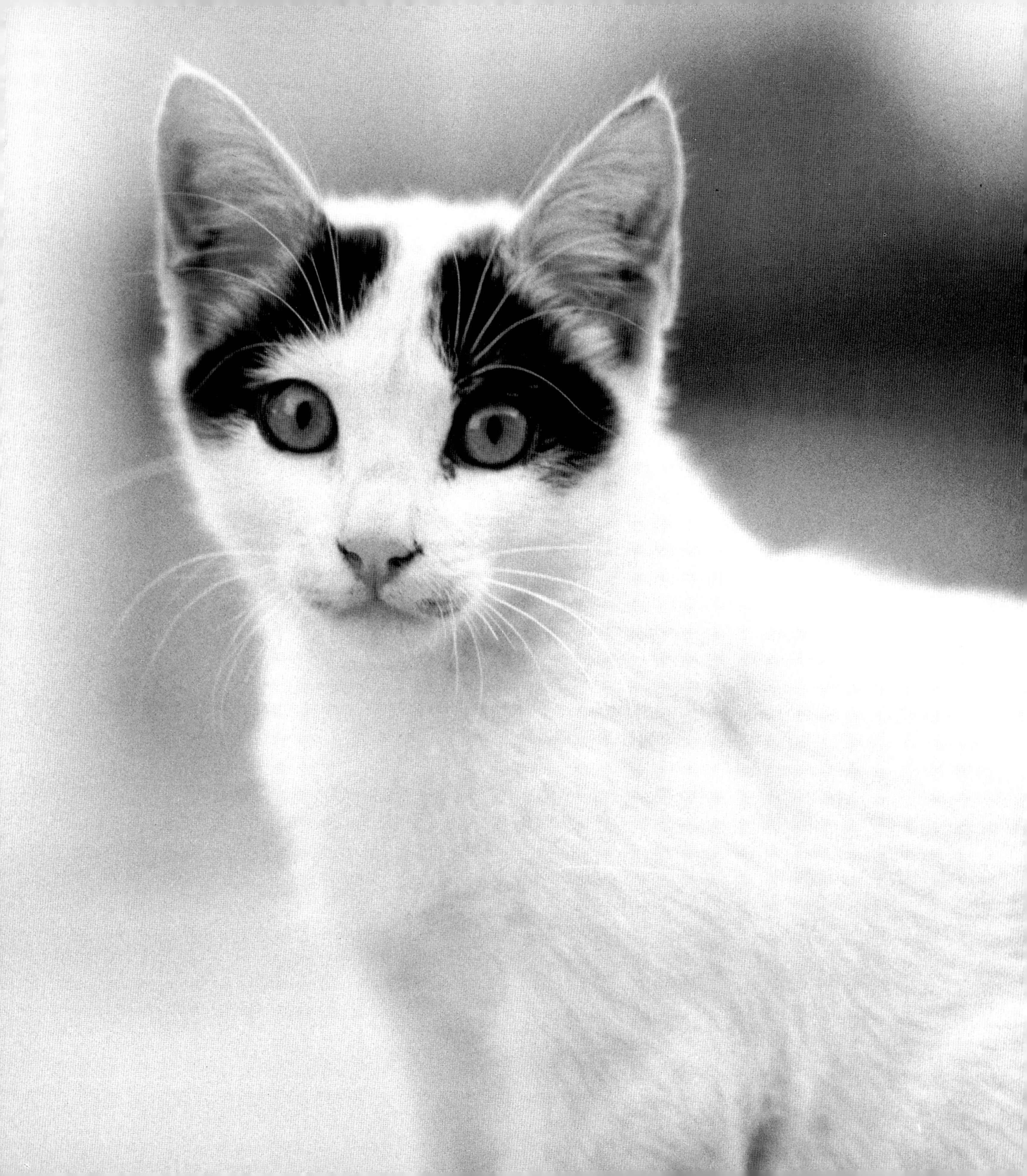

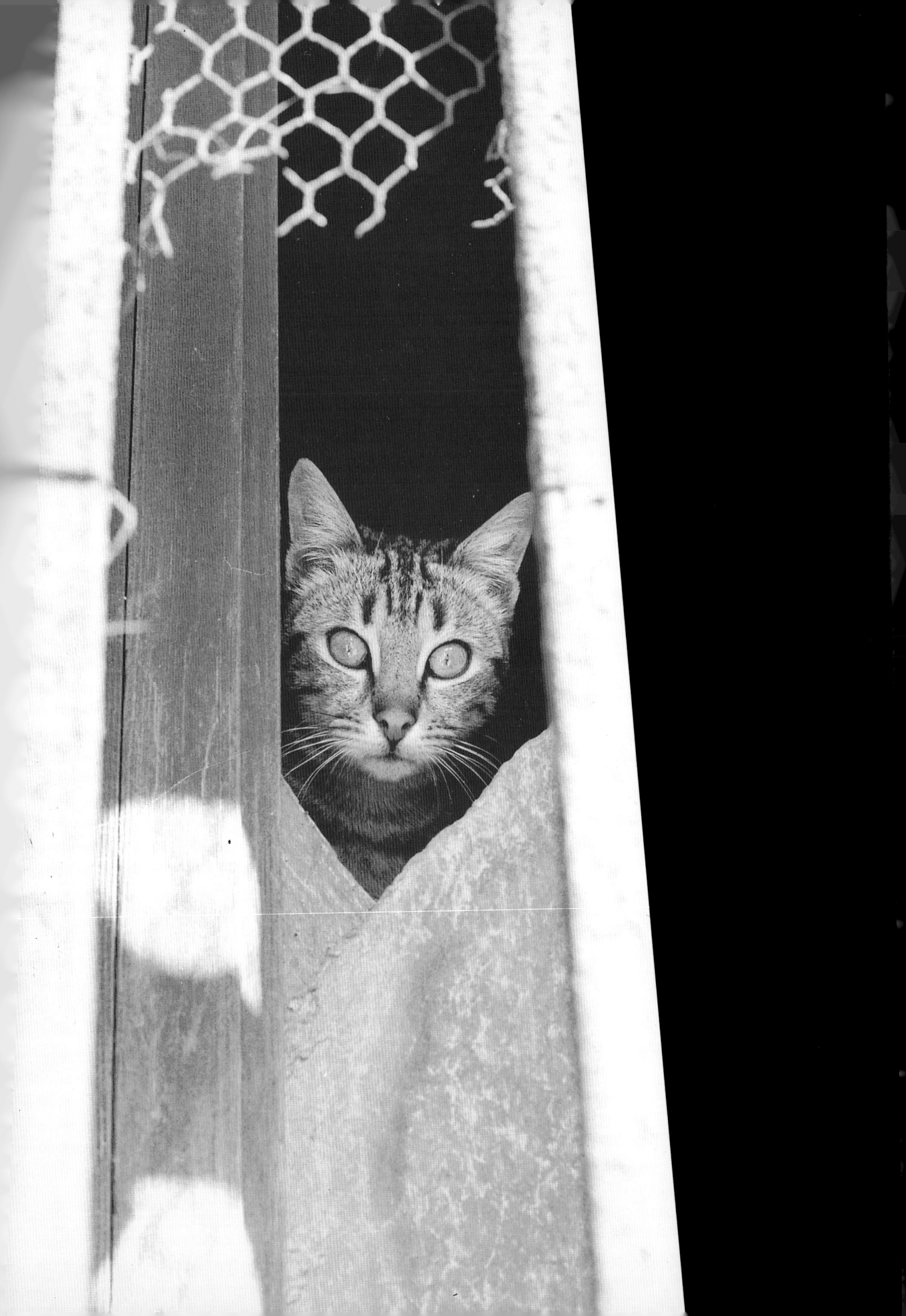

$\mathcal{A}$ls der Mystiker Schiblî gestorben war (im Jahre 996), sah ihn einer seiner Gefährten im Traum und fragte ihn, was Gott an ihm getan habe.
»Gott hat mir einen Platz zu seinen Füßen gegeben«, antwortete er, »und er hat mich gefragt:
'Weißt du auch, warum ich mich deiner erbarmt habe?'
Ich sagte: 'Wegen meiner frommen Werke.' 'Nein', erwiderte der Herr.
'Ist es wegen meines reinen Gottesdienstes?' Er verneinte.
'Wegen meiner Pilgerfahrten und meines Fastens und Betens also?'
'Nein', sprach der Herr, 'nicht darum habe ich mich erbarmt.'
'Warum dann, o mein Gott?'
Und Gott antwortete:
'Erinnerst du dich nicht, wie du einmal in den Straßen von Bagdad unterwegs warst und eine kleine Katze fandest? Sie war schwach vor Kälte und suchte in den Mauerlücken Schutz vor dem bitteren Frost und dem Schnee. Da hast du sie zu dir genommen in Barmherzigkeit und hast sie in deinen Pelz gesteckt, um sie vor der Kälte zu schützen. Für dein Erbarmen mit jener Katze habe ich mich deiner erbarmt!'«

CHRONIK VON DAMASKUS, 12. JAHRHUNDERT

Epitaph

Den Kater,
meinen Gefährten,
haben die Kinder gesteinigt.

Der Apfelbaum
hinten im Garten
wurde im Winter gefällt.

Nur noch im Traum
blüht er fort
in der bienendurchsummten Stille,
und der schwarze geduldige Kater
hascht nach den Schatten im Gras.

Wer aber wird, wenn ich sterbe,
zuweilen ihrer gedenken,
und sie lebendig erhalten
ein paar Herztakte lang?

ILONA BODDEN

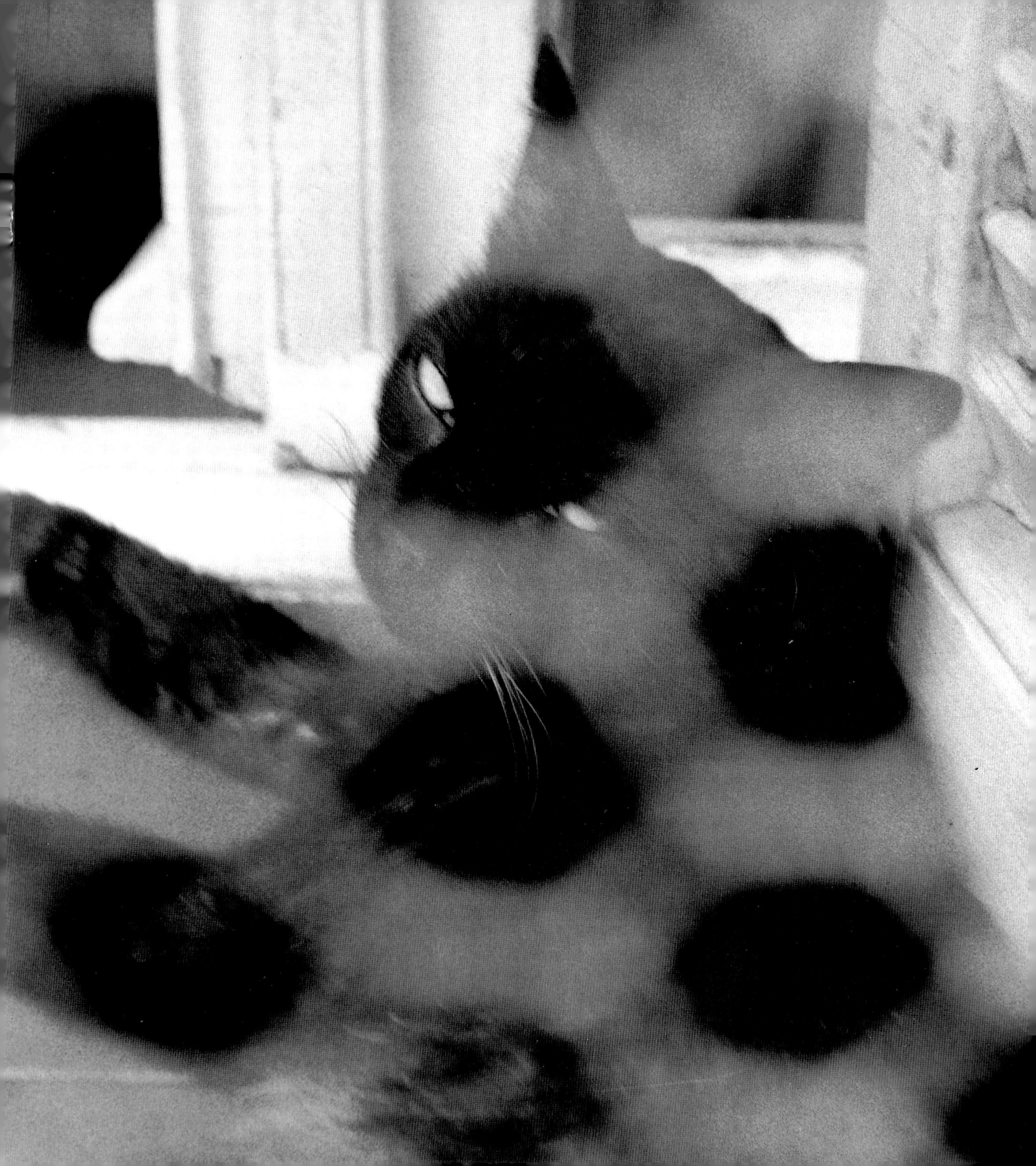

Renées Tiere
sprechen zu uns

Wir sahen euch im Gottestraume,
Wo ihr das Lebensfest begingt.
Dann kamt ihr zu uns ins Geraume
Und habt uns, groß und klein, umringt.

Ihr hobt das Haupt, den Hals, die Pfote,
Das dunkle Auge, rein von Zeit:
»Nun steigt doch aus dem Trauerboote!
Zur Un-Welt war es fahrtbereit.

Ach, fragt nicht nach dem Paradiese,
Ob es denn weit entlegen sei:
Es ist der Tag, der Wind, die Wiese,
Und wenn ihr wollt, ihr seid dabei!«

OSKAR LOERKE

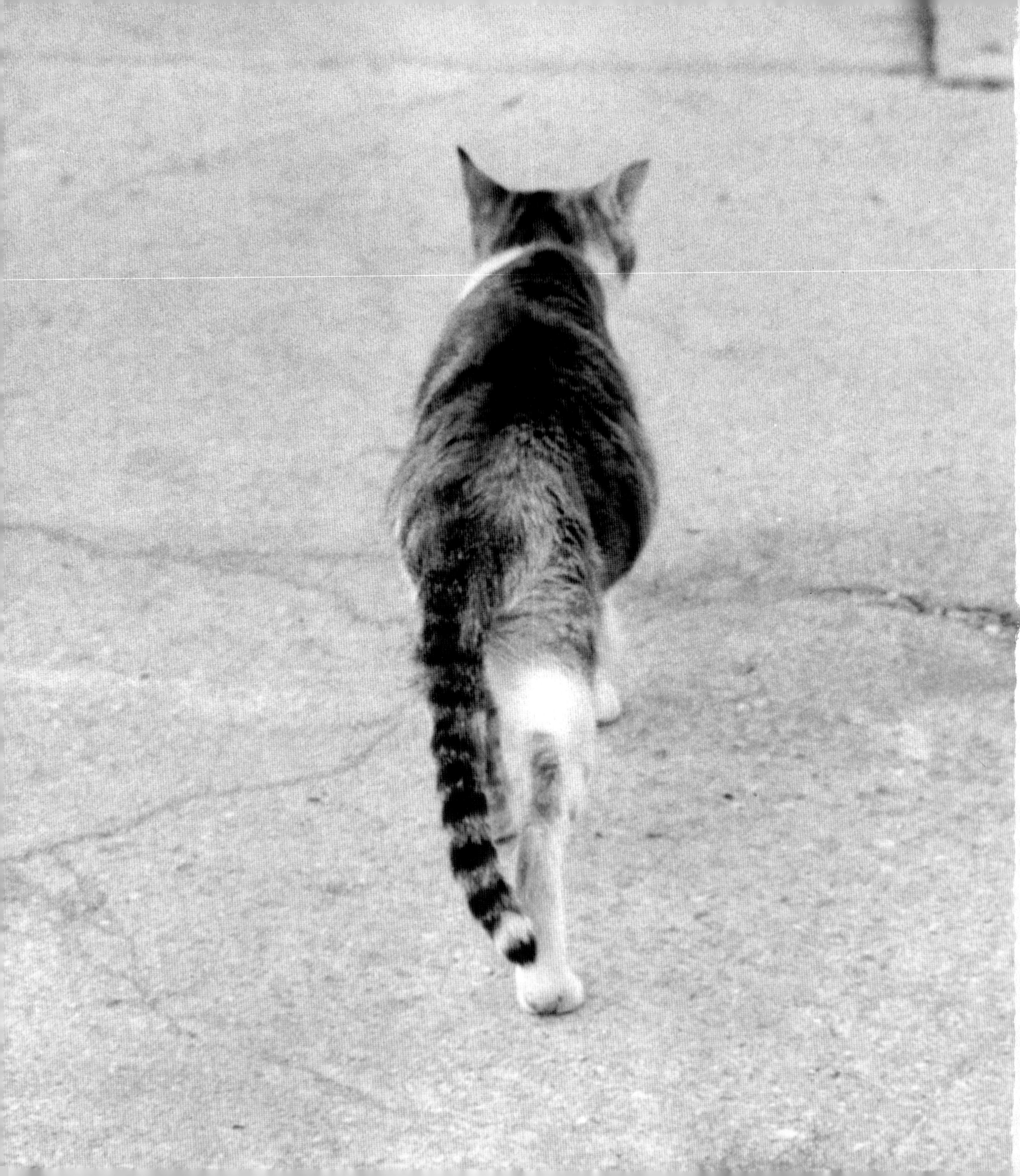